Die Fürstin auf der Erbse

Corsina Fürst

Die Fürstin auf der Erbse

Ein kaleidoskopischer Blick auf das Leben
einer Tetraplegikerin

Bibliografische Information der Deutschen Nationalbibliothek:
Die Deutsche Nationalbibliothek verzeichnet diese Publikation
in der Deutschen Nationalbibliografie; detaillierte bibliografische
Daten sind im Internet über http://dnb.dnb.de abrufbar.

© 2018 Corsina Fürst
info@corsinafuerst.ch
www.corsinafuerst.ch
Satz, Umschlaggestaltung, Herstellung und Verlag:
BoD – Books on Demand

ISBN: 978-3-7460-3960-2

Inhalt

Vorwort

Ein schwerer Unfall im August 2011 hat mein Leben schlagartig verändert. Seither habe ich bedeutend mehr Zeit als die meisten Menschen in meinem Alter. Zeit, um mir so allerlei Gedanken zu machen. Gedanken um mich, die Menschen und die Welt. Zeit, meine Gedanken zu formulieren und weiterzuentwickeln. Zeit zum Philosophieren, um Rückschau zu halten, um nach dem Sinn des Lebens Ausschau zu halten ... Zeit zum SEIN. Das Schwierigste überhaupt.

Dieses Buch wirft einen kaleidoskopischen Blick auf das Leben. Ich möchte die Leser anregen, mit mir nachzudenken, zu schmunzeln, zu weinen, mir recht zu geben oder zu widersprechen ... Vielleicht kann es helfen, trösten, aufrütteln, beruhigen, Ängste nehmen, Sichtweisen verändern, Frieden stiften ... ein Buch ohne Anspruch auf Vollkommenheit, atypisch, unkonventionell, privat, authentisch, Geschmackssache.

1. Die Fürstin auf der Erbse

Ich glaube, in einem anderen Leben war ich eine Prinzessin. Schon als Kind von sechs Jahren wollte ich Seidenstrümpfe und Stöckelschuhe von meiner Mutter tragen. Mit zehn musste sie mir das Schminken verbieten. Zu Fastnacht hätte ich immer gerne ein Prinzessinnenkostüm angezogen und mein Lieblingsfilm war »Sissi« ... Wenn ich an meinen Vor- und Nachnamen denke, ist das alles ja gar nicht so weit hergeholt: Die Corsini waren ein Adelsgeschlecht aus der Nähe von Florenz und »Fürst« spricht für sich selbst.

Es war einmal eine Fürstin, die lebte mit ihrem Prinzen in einem wunderschönen Land des Südens, wo Palmen wuchsen, Oleander und Kamelien blühten und wo See und Berglandschaften sanft ineinander übergingen. Ihr Schloss war versteckt in den Bergen und täglich machten sie einen Ausritt in die Wälder und Wiesen ihres Anwesens. Da ritt sie mit ihrem Krönchen auf einem weißen Schimmel, genoss das Dasein in Glanz und Gloria, scherzte mit ihrem Herrn Gemahl und freute sich des Lebens ...

Nicht jede Frau möchte eine Prinzessin sein, jedoch nehme ich an, dass alle Menschen das Bedürfnis haben, ein schönes, unbeschwertes Leben zu führen. Dorthin sind wir auf dem

Weg und setzen all unsere Kräfte dafür ein. Wir versuchen, einen Job zu finden, von dem wir gut leben können und der uns erfüllt, einen Partner kennenzulernen, der uns glücklich macht, und unsere Freizeit mit freudespendenden Hobbys zu füllen, um uns selbst zu verwirklichen.

Das hört sich alles leichter an, als es ist. Die Realität sieht nicht selten weniger rosig aus: Unser Job stresst uns ungemein, mit dem Partner läuft auch nicht alles so, wie wir es uns vorgestellt hatten, für unser Hobby haben wir zu wenig Zeit und Geld ... Und wer fühlt sich schon so richtig selbst verwirklicht?

So sind wir häufig unzufrieden und führen ein Leben, das uns nicht erfüllt. Doch wer oder was steckt dahinter?

WIR selbst, denn es ist UNSER Leben!!!

Mir wurde schon früh bewusst, dass ich einiges selbst in die Hand nehmen muss, um mein Leben möglichst angenehm, glücklich und sinnvoll zu gestalten.

Nach meiner Ausbildung zur Physiotherapeutin war ich ein Jahr in Deutschland in einer Kurklinik tätig und anschließend arbeitete ich fünf Jahre in einer Schweizer Rehaklinik. Nachdem ich mir selbst Italienisch beigebracht und mein Gelerntes bei Tessiner Patienten fleißig angewandt hatte, erfüllte ich mir meinen Traum, ins Tessin auszuwandern. Dort lebe ich nun seit über 20 Jahren, habe meinen Mann Gianni kennengelernt und mit ihm das große Los gezogen.

Seit dem Physioabschluss habe ich stets Kurse gemacht, um das Handling zu verbessern und mein Wissen zu erweitern. In der Freizeit bin ich meinem Hobby, dem Malen, nachgegangen, habe meinen Körper mit nicht allzu exzessivem Jogging gesund gehalten, und so führte ich mit dem üblichen Auf und Ab eigentlich ein ganz zufriedenes Leben ...

Dann geschah etwas sehr Unerwartetes.

... Plötzlich kam ein gewaltiger Windstoß, er pustete die Fürstin um und warf sie unsanft auf den Boden. Von unten sieht die Welt ganz anders aus! Sie lag im Dreck und fühlte sich schwach und hilflos, ihr Krönchen war verbogen, ihr war zum Weinen zumute ... und dann lag sie auch noch auf einer Erbse.

Merkwürdig, eine Erbse begegnete ihr häufig in besonderen Momenten ihres Lebens und eigenartigerweise immer in einer anderen Verkleidung. Manchmal war sie ein spitzer Stolperstein, ein anderes Mal erschreckte sie sie als grünes Ungeheuer, und als sie in jungen Jahren eine schlimme Zeit durchstehen musste, war die Erbse zu einem grauen traurigen Schleier geworden, der sich über sie legte. Im Moment des Sturzes war die Fürstin jedoch so erschrocken, dass sie sie gar nicht wahrnahm.

2. Der Unfall und die Tage danach

Mein Mann Gianni und ich waren mit dem Camper nach Frankreich in den Urlaub gefahren. Bei einem Ausflug mit dem Motorroller verunfallten wir auf einer abgelegenen Straße in der Nähe von Saint-Rémy-de-Provence bei einer Geschwindigkeit von gerade mal 50 km/h. Die einzige, aber fatale Verletzung, die ich bei dem eigentlich unspektakulären Sturz davongetragen habe, war ein Bruch am Halswirbel, der das Rückenmark beschädigte. Diagnose: Tetraplegie, eine Form der Querschnittlähmung, bei der alle vier Gliedmaßen, also sowohl Beine als auch Arme, betroffen sind.

Wir beide hatten keinerlei sonstigen Brüche, nicht mal eine Schürfwunde, und waren bei Bewusstsein geblieben. Gianni stand ohne Mühe auf. Wir hatten Glück, dass auf der abgelegenen Straße ein Auto vorbeikam. Der Fahrer war ein Franzose, der die Gegend kannte. Beim Notruf, dessen Nummer er wusste, konnte er genau sagen, wo wir uns befanden.

Der Helikopter brachte mich ins Spital von Marseille. Nach zwölf Stunden wurde ich von einem Spezialisten operiert. Dabei hatte man den fünften Halswirbel, der gebrochen und verschoben war, stabilisiert.

Als ich wieder zu mir kam, ging mir im halbwachen Zustand der Gedanke durch den Kopf: »Ich bin in den Ferien, ich kann doch nicht einfach so herumliegen!«

Erst nach und nach wurde mir bewusst, was wirklich geschehen war. Ich konnte tatsächlich gar nichts bewegen, außer dem linken Ellbogen in Richtung Beugung. Aber ich wusste, dass Lähmungen reversibel sein können. Ich hatte, im Gegensatz zu manchen Mitpatient/-innen, unwahrscheinliches Glück, denn der Querschnitt war nur inkomplett, das Rückenmark war nicht ganz durchgetrennt und ich wartete auf baldige Genesung. Ich betete dafür, dass diese Situation bald ein Ende haben würde, und hoffte, dass in den folgenden Tagen die Muskeln zu ihrer gewohnten Aktivität zurückkehren würden.

Gianni durfte mich erst am folgenden Nachmittag besuchen. Diese Stunden des Wartens waren die längsten seines Lebens, er befürchtete das Allerschlimmste. Beim Eintreten sah er, wie ich gerade mit der Atemmaske kämpfte, die mir zweimal täglich aufgesetzt wurde. Mein verzweifeltes Gesicht erhellte sich, als ich ihn sah.

Er wurde immer erst nachmittags hereingelassen. Seine Anwesenheit beruhigte mich und gab mir Halt. Wenn er nicht bei mir sein konnte, hatte er draußen mit einigen Widrigkeiten zu kämpfen. Er übernachtete in unserem Camper auf dem Spitalparkplatz und tagsüber war es dort unerträglich heiß. Außerdem ging es zu wie im Krimi: Gianni erzählte von Leuten, die schrien und sich schlugen; ein Mann, der eine aufgeschlitzte, blutüberströmte Hand hatte, bat ihn um Hilfe. Manchmal waren sogar Schüsse zu hören. Marseille wurde seinem Ruf als eine der gefährlichsten Städte Frankreichs gerecht. Vor meinem Nebenzimmer waren zwei Polizisten postiert, weil dort ein Mann lag, dem die Mafia das Auge durchschossen hatte ...

Ich lag zehn Tage auf der Intensivstation. Von den Schwestern wurde ich alle zwei bis drei Stunden gedreht, damit keine offene Liegestelle entstehen konnte. Ich schlief sehr viel oder döste vor mich hin. Meine Halbtrance wurde morgens von einem jungen Pfleger unterbrochen, der coole Sprüche machte und sich im Rhythmus der Musik bewegte, die aus einem kleinen Radio, das er in seiner Kitteltasche trug, lautstark herausschallte. Ich musste schmunzeln, so etwas gibt es weder in der Schweiz noch in Deutschland. Die sonstigen alltäglichen Handlungen ließ ich einfach über mich ergehen. Einige Dinge prägten sich jedoch sehr gut in meinem Gedächtnis ein.

Da war diese Atemmaske, die jedes Mal Panik in mir auslöste, weil ich Angst hatte, bei einem Hustenanfall zu ersticken. Ich wäre nicht fähig gewesen, sie alleine zu entfernen. Deshalb fragte ich unter Tränen, ob während dieser Zeit nicht eine Schwester bei mir bleiben könnte. Das wurde mir jedoch leider verwehrt.

Wenn ich erhöhte Temperatur hatte, gaben sie mir nur dünne Laken zum Zudecken. Ich klapperte mit den Zähnen, mir war kalt. Der Wunsch nach einer wärmeren Decke wurde mir ebenfalls abgeschlagen ... Ich war gottfroh, dass ich wenigstens Französisch konnte und es somit keine Probleme mit der Verständigung gab.

Ich mochte nicht alle Krankenschwestern, aber einige sind mir ans Herz gewachsen. Besonders eine kam öfter nachts zu mir ans Bett und unterhielt sich mit mir, wenn ich nicht schlafen konnte. Die Nacht flößte mir immer etwas Furcht ein.

Schon am zweiten Tag kamen Giannis Töchter, eine nach der anderen, nach Marseille ins Krankenhaus, um Gianni beim Übersetzen zu helfen. Beide waren zweisprachig aufgewachsen, denn ihre Mutter war Französin. Eine wertvolle Hilfe!

In den ersten Tagen hatte ich nur meine Familie und ein paar wenige Freunde über den Unfall informiert. Die Nachricht zog trotzdem schnell Kreise und ich war sehr erfreut, als ich von einem ehemaligen Kollegen, der zu dieser Zeit in der Nähe Ferien machte, ganz unerwartet Besuch bekam. Er fand mich in einem recht guten Zustand vor.

Ich war selbst erstaunt, wie gefasst und guter Dinge ich die erste schwere Zeit durchgestanden habe. Meine Erklärung dafür lautet: Ich habe eine große Kraft gespürt, die einfach in mir war und die ich als »Gnade« bezeichne, der Glaube an eine höhere Ordnung. Ich hatte meinen wunderbaren Mann und die Unterstützung medial begabter Menschen, die mir immer wieder versicherten: »Du wirst gehen können!«

Als ich zur Rehabilitation in die Schweiz überführt werden sollte, wollten mich die Ärzte mit dem Krankenwagen bis nach Luzern transportieren lassen. Mein Mann Gianni drohte ihnen mit dem Schlimmsten, falls mir durch die Vibrationen etwas zustoßen würde. Das überzeugte sie, mich doch mit dem Hubschrauber fliegen zu lassen.

Also wurde ich nach zehn Tagen Intensivstation zum Militärflugplatz Emmen geflogen und von dort nach Nottwil gebracht.

… Gut, dass ihr blauer Prinz bei ihr war, er erkannte sofort den Ernst der Lage, nahm sie in seine starken Arme und hob sie auf sein Pferd. Er führte sie zum Palast und kurierte sie mit größter Aufmerksamkeit und Liebe. Sie war schon oft vom Pferd gefallen, aber dieses Mal war es ernst, denn die Verletzung war schwer. Es dauerte sehr lange, bis sie sich erholte, aber ihr Geliebter wich nie von ihrer Seite und ging bis an seine Grenzen … Zuerst musste sie überall mit der Sänfte hingebracht werden, erst nach fast einem Jahr konnte sie wieder langsame Schritte tun mit Hilfe von Krücken und Gott sei gedankt auch wieder auf ihrem Pferd reiten …

3. Die Zeit in Nottwil

Endlich wieder Deutsch! Es klang wie Musik in meinen Ohren, sogar das dissonante Schwyzerdütsch. Die ersten zwei Tage und Nächte wurde ich in Quarantäne gelegt, ich hätte ja die Pest mitbringen können.

Zehn Monate verbrachte ich zur Rehabilitation im Paraplegiker-Zentrum Nottwil bei Luzern. Zu Beginn war ich nicht mal fähig, den Klingelknopf zu bedienen. Deswegen wurde an meinem Bett ein Gerät installiert, das ich mit dem Mund aktivieren konnte: ein sogenannter »James«.

Auf dem Display des Gerätes werden verschiedene Funktionen angezeigt, die man wählen kann. Durch Blasen in ein angebrachtes Röhrchen bringt man das Ganze zum Funktionieren. Mit diesem »James« war es mir möglich, sowohl die Schwester zu rufen als auch meinen Fernseher zu bedienen. Ich konnte damit sogar telefonieren. Was die Technik alles möglich macht!

Einmal funktionierte das Gerät jedoch nicht. Es war Nacht, ich hatte Schmerzen und konnte es kaum erwarten, bis ich umgelagert wurde. Ich rief nach der Schwester, die mich nicht hörte, immer lauter, aber es half alles nichts. Ich musste warten, bis sie zufällig hereinkam. Das hatte mir gezeigt, wie wichtig dieses Kommunikationsmittel ist. Und ich hatte großen Respekt davor, dass sich so etwas wiederholen könnte.

In den ersten Tagen war mein Kreislauf so geschwächt, dass ich mich erst langsam an das Sitzen im Bett gewöhnen musste. Einmal fiel ich dabei in Ohnmacht. Nach den ersten paar Tagen wurde ich dann langsam in einen Rollstuhl gesetzt.

Die Physiotherapie bestand nur aus Durchbewegen und Stehbetttraining: Man wird auf ein Bett geschnallt, das täglich ein paar Grade höhergefahren wird, um sich wieder an die Standposition zu gewöhnen. In den ersten Tagen wurde mir bei 30 % Neigung schon schwindelig und ich wurde mit kreisenden Sternchen vor den Augen zurückgefahren. Kaum zu glauben, aber es dauerte über drei Wochen, bis mir mein Kreislauf die Standposition wieder erlaubte.

Wenn ich Besuch bekam, war ich meist guter Dinge. Ich war wohlgemut und bedeutend besser drauf als die Menschen, die mich besuchten und mich zum ersten Mal nach dem Unfall sahen.

Zu Beginn waren alle sehr betroffen, aber mit der Zeit kapierten sie, dass man mit mir weiterhin Witze machen kann. Eine Freundin meinte bei einem ihrer Besuche zu mir: »Nächste Woche siehst du vielleicht meinen Sohn auf dem Sempachersee beim Rudern. Du hast ja einen schönen Blick auf den See, dann kannst du ihm ja winken ... Ach, das kannst du ja gar nicht!« Und wir prusteten beide los vor Lachen. Mit einer anderen Freundin musste ich über eine Marotte von Gianni so sehr lachen, dass mein Bauch zwei Tage lang krampfte.

Es ist erstaunlich, wie schnell man sich daran gewöhnt, sich nicht kratzen zu können. Wenn es beißt, wartet man ein wenig, und es geht schneller vorbei, als man denkt. Nur beim Dauerbeißen meines Kopfes musste ich um Hilfe bitten.

Nottwil ist ein unglaublich schöner und gut ausgestatteter Rehabilitationsort. Das Gebäude ist hell und großzügig gebaut und liegt in einer traumhaften Umgebung, mit Blick ins Grüne und auf den Sempachersee. Die Angebotsvielfalt ist enorm und die Professionalität überdurchschnittlich. Neben allen klassischen und alternativen Körper- und Psychotherapien gibt es unendlich viele Kurse. Ich kann mir keinen besseren Rehabilitationsort vorstellen. Genauer informieren kann man sich im Internet unter »Schweizer Paraplegiker-Zentrum Nottwil«.

Dort war zur selben Zeit wie ich auch Samuel Koch, der in »Wetten, dass ...?« schwer verunglückt war. Ich erkannte ihn aber erst später, als ein Fernsehteam kam, um über den sympathischen und angenehmen jungen Mann einen Film zu drehen. Inzwischen habe ich beide Bücher von ihm gelesen und bin sehr beeindruckt von der Kraft, mit der er seinem Schicksal gegenübertritt (seine Tetraplegie ist komplett). Mich fasziniert seine Furchtlosigkeit, mit der er noch immer Herausforderungen überwindet, und die Art und Weise, wie er mit seinen fortwährenden Schmerzen umgeht. Bewundernswert ist auch sein großes Engagement für zahlreiche Projekte.

Zwei Wochen vor mir wurde ein Patient eingeliefert, der ebenfalls Physiotherapeut war und, ähnlich wie ich, eine inkomplette Tetraplegie erlitten hat. Bei der Therapie war er allerdings schon weiter als ich. Wenn wir zur gleichen Zeit Therapie hatten, schaute ich ihm zu, deklarierte ihn zu meinem Star und eiferte ihm nach. Ich besuchte die Therapien sehr diszipliniert, auch wenn sie mich ermüdeten.

Zu Beginn hatte ich einen Elektrorollstuhl, der mit wenig

Kraftaufwand selbst bedient werden konnte und ziemlich schnell war. Ich war nicht die Einzige, die im Essensraum immer wieder Tische und Schränke rammte.

Als meine Arme kräftiger waren, wurde mir ein normaler Rollstuhl zur Verfügung gestellt. Nach der Einzeltherapie und den Übungen im Fitnessraum war ich fix und fertig. Erschöpft, mit geschlossenen Augen, fuhr ich im Schneckentempo die endlos scheinenden Gänge entlang zurück in mein Zimmer. Ich hob bei jedem dritten Radanstoß kurz die Augenlider, um zu vermeiden, dass ich gegen die Wand fuhr. Auch heute noch bereitet es mir große Mühe, mehr als 15 Meter mit dem Rollstuhl zu fahren, da meine Schultermuskulatur nach wie vor schwach ist.

Abends gegen 19 Uhr konnte ich es kaum erwarten, bis ich von den Schwestern ins Bett gebracht wurde, und fragte mich, wie andere es bis spät abends aushielten. Beim Warten vergeht die Zeit einfach nicht. Wann immer ich den Knopf gedrückt und geklingelt hatte, waren nach einer gefühlten Stunde nur fünf bis zehn Minuten vergangen. Der Fernseher ist mir in dieser Zeit zu einem guten Freund geworden. Er half mir auch, die Angst vor schlaflosen Nächten zu überwinden.

Es war sehr viel Bürokratisches mit den Versicherungen zu regeln und wir hatten enormes Glück, Daniela vom Sozialen Dienst an unserer Seite zu haben. Sie spricht fließend Italienisch und Deutsch und erklärte Gianni Dinge, bei denen ich sogar Mühe hatte, sie auf Deutsch zu verstehen. Ohne sie wären wir im Dschungel der Bürokratie untergegangen.

Neben den vielen Therapien bekam ich regelmäßigen Besuch von meinem Mann und guten Freunden. An dieser Stelle möchte ich euch allen ganz herzlich für eure Unterstützung danken! Ihr wart ein großer Schatz für mich!

Es gab viele tolle, unvergessliche Momente in Nottwil, beispielsweise wenn ich plötzlich wieder etwas konnte, das vorher nicht mehr möglich war. Der wichtigste Moment war, als ich nach sechs Wochen Therapie zum ersten Mal wieder das rechte Daumenendglied bewegen konnte. Dazu muss ich sagen, dass ich schon von Anfang an in Gedanken versuchte, meine Hände zu öffnen und zu schließen. Bereits während meines Aufenthalts auf der Intensivstation schien es mir, als würden sich die Finger tatsächlich bewegen. Als ich hinschaute, regte sich jedoch nichts. Das war ein kurioses Gefühl. Umso schöner war der Moment, als ich zum ersten Mal sah, wie sich wirklich etwas bewegte.

Ein paar Tage später konnte ich schon ein Haar von meinem Pullover entfernen. Was für ein Glücksgefühl! Über den ersten Bissen in einen Mohrenkopf, den ich selbstständig bewerkstelligte, freute sich meine Freundin Silvia, die damals zugegen war, genauso wie ich.

Das erste Weihnachten nach dem Unfall verbrachte ich mit Gianni bei meinen Eltern. Mein größtes Weihnachtsgeschenk machte ich mir selbst, indem ich plötzlich ganz alleine vom Rücken auf die Seite drehen konnte.

In der Physiotherapie war ich nach häufigem Üben und mit immer weniger Hilfestellung endlich fähig, mich auf der Liege von der Seitenlage in den Sitz aufzurichten. Ein weiterer Schritt war geschafft!

In unserer eigenen Physiopraxis, in der ich noch bis zu meinem Unfall mit meinem Mann Gianni zusammen gearbeitet hatte, haben wir ein Laufband, auf dem Patienten mit Hilfe von Schlingen beim Gehen das eigene Körpergewicht abgenommen wird. Dazu benutzen wir unter anderem eine besondere Aufhängevorrichtung, die einer Riesenunterhose gleicht. Diese brachte mir Gianni in die Klinik und zog sie mir über, um mich bei meinen ersten Schrittversuchen gut im Griff zu haben. Ich hatte vollstes Vertrauen und trotz der großen Schwierigkeit keine Angst.

Anders verhielt es sich Monate später, als ich zum ersten Mal am Rollator ging, also weg vom sicheren Barren. Ich hatte enorme Angst und muss so ein schrecklich verspanntes Gesicht gemacht haben, dass eine Physiotherapeutin, die mir zuschaute, meinte, in dem Moment hätte man die Luft schneiden können. Einige Zeit später war es wiederum Gianni, der mich dazu ermunterte, mit ihm eine ganze Treppe mit zehn Stufen hochzugehen. Auch wenn er mich anschließend auf den Boden legen musste, um mich vor einem Kreislaufkollaps zu retten, hatte ich es doch geschafft und wir waren beide glücklich und stolz.

Später kamen öfter mal Rückschläge, mit denen ich zu kämpfen hatte, und meine treuen Freunde, die regelmäßig nach Nottwil kamen, mussten mit mir so manch schlechte Stunde durchstehen.

Nach einiger Zeit entwickelte sich bei mir eine Spastik, eine unkontrollierte Spannungserhöhung der Muskeln. Sie machte mir Angst und hinderte mich an harmonischen Bewegungen. Auch heute noch macht mir die Spastik häufig Probleme. Sie war die Ursache von manchen Rückschritten, die ich nur schwer akzeptieren konnte.

Auch die Tatsache, dass Brustschwimmen nicht mehr

möglich ist, weil dabei mein Kopf unwillkürlich nach unten sinkt und sich das Gesäß hochbewegt, machte mich sehr traurig. Das kann ich leider auch heute noch nicht.

Die Beeinträchtigung meiner Atmung machte mir starke Probleme. Meine Atemmuskeln waren, wie die anderen Muskeln, sehr schwach. Zu Beginn redete ich kurzatmig und das Sprechen strengte mich an. Außerdem konnte ich nie richtig tief durchatmen, ein höchst unangenehmes Gefühl. Nachts hatte ich einige Atemaussetzer (Apnoen), und nach einer Messung der nächtlichen Atemtätigkeit wurde mir eine Atemhilfemaske (CPAP) verschrieben. Wochenlang versuchte ich, mich an diese Maske zu gewöhnen, die im regelmäßigen Rhythmus Luft in mich hineinpumpte. Ein unangenehmes Gefühl, die Luft war kühl und trocknete meine Schleimhäute aus. Ein Albtraum, das ganze Leben mit diesem unangenehmen Begleiter schlafen zu müssen! Das Schicksal hat mich, Gott sei Dank, davor bewahrt, denn meine Atemmuskeln wurden stärker und die Apnoen verschwanden langsam. Meine Atmung ist im Allgemeinen in letzter Zeit besser geworden und macht mir kaum noch Probleme.

Das Allerschlimmste aber, was passieren kann, habe ich zweimal durchgemacht: ein Blasenstau. Bei einer Lähmung kann die Blase sich nicht mehr alleine entleeren und mein natürlicher Blaseneingang war nach einiger Zeit immer schwieriger zu finden. Als die Blase zu voll wurde, weil das Katheterisieren nicht möglich war, litt ich an dem Guttmann-Syndrom. Dabei steigt der Blutdruck stetig an und verursacht immer stärker werdende Kopfschmerzen und kalte Schweißausbrüche. Es besteht die Gefahr, einen Schlaganfall zu erleiden. Die immer stärker werdenden Kopfschmerzen und die Angst vor einem Schlaganfall waren fast unerträglich! Nach unzähligen vergeblichen Versuchen gelang es den Schwestern endlich, den Blaseneingang zu finden und durch ein Röhrchen den Urin ablaufen lassen zu können. Ich war gerettet und überglücklich, dass die Gefahr endlich gebannt war.

Die letzten Monate in Nottwil wurden im Allgemeinen immer schwieriger für mich, weil die Fortschritte nicht mehr so eklatant waren wie zu Beginn. Meine große Hoffnung, das Zentrum ohne Rollstuhl verlassen zu können, schwand dahin. Ich war trotzdem froh, an Stöcken gehen zu können.

4. Meine verlorene Seele

Die Zeit war gekommen, ich konnte entlassen werden. Gianni hatte zum Glück eine Wohnung erworben, die ebenerdig war. Er hatte sie wunderschön eingerichtet, ein kleines Schmuckstück mit Garten. Ich fühlte mich sofort wohl.

Es gab viele neue Eindrücke zu verarbeiten und ich war damit beschäftigt, mich einzuleben, meine Therapien zu organisieren, meine Blasenprobleme in den Griff zu bekommen, Besuche zu empfangen, und fühlte mich recht gut.

Nach dieser Eingewöhnungsphase begann ich jedoch, langsam Probleme zu bekommen. Das Essen schmeckte mir immer weniger und ich war oft traurig.

... Mit großer Freude ritt die Fürstin zum ersten Mal alleine los und genoss den Duft der Wiesen und den Wind, der ihr durch die Haare blies. Sie entfernte sich immer weiter von ihrem Schloss und befand sich plötzlich in einem Wald, der immer dunkler wurde. Ihr war nicht mehr wohl zumute, und als sie vergebens einen Ausweg suchte, erkannte sie, dass sie sich in einem Zauberwald verirrt hatte. Sie fürchtete sich sehr und ritt zaghaft vor sich hin. Plötzlich sah sie schreckliche Fratzen und Gestalten, die sich näherten. Und als sie fühlte, dass die Monster sie berührten, entfuhr ihr ein gellender Schrei, der ungehört verklang. Mit Schrecken stellte sie

fest, dass die Gestalten ihre Seele gestohlen hatten und sich mit ihr davonmachten.

Die arme Fürstin konnte sehen, wie sie ihre Seele im Dreck schleiften, Spielchen mit ihr trieben und sie misshandelten.

Von ihrer Großmutter hatte sie gehört, dass es in dem Wald zwei sich gegenseitig bekämpfende Mächte gab. Und tatsächlich, nun sah sie, wie von allen Richtungen leuchtende gute Feen geflogen kamen, um den bösen Mächten ihre Seele wieder abzunehmen. Die Fürstin war unfähig, weiter zu reiten, und trottete langsam neben ihrem Pferd her. Der Kampf um ihre Seele hatte begonnen.

Sobald die Feen ihre Seele in Besitz hatten, ging es ihr gut und sie war voller Hoffnung, schnell dem Spuk ein Ende bereiten zu können. Doch kurz darauf eroberten die dunklen Mächte erneut ihren Spielball. Dieses Hin und Her zehrte an ihren Nerven. Da keine Nahrung zu finden war, wurde sie von Tag zu Tag schwächer und hoffnungsloser. Als sie sich schon aufgeben wollte, entdeckte sie plötzlich eine Lichtung! So schnell wie möglich lief sie los und mit letzten Kräften warf sie sich auf die Wiese, die vor ihr lag, und weinte bitterlich. Als sie sich umdrehte, erblickte sie ein grünes Kraut, das einer Erbse glich und das heilende Kräfte in sich barg ... Hungrig, wie sie war, kostete sie von ihm, da wurde ihr mit einem Mal warm ums Herz und eine der guten Feen kam zu ihr geflogen, um ihr die Seele endlich zurückzugeben.

Glücklich nahm sie sie entgegen, bedankte sich herzlich und spürte, wie ihre alten Kräfte langsam zurückkehrten. Im Galopp ritt sie zum Palast zurück, nicht ohne vorher noch ein Täschchen voller Erbsenkraut gesammelt zu haben.

Für mich war es keine typische Depression, sondern meine Stimmung wechselte stark und häufig. Ich verspürte Trauer, wenn ich an Situationen denken musste, die ich in meiner Rehazeit erlebt hatte. Diese Trauer kam erst jetzt hoch. Als ich dort war, funktionierte ich einfach, der Klinikaufenthalt war schnell zur täglichen Gewohnheit geworden. Erst als ich zu Hause war, wurden meine Emotionen verarbeitet.

Wenn die Angst in mir hochkroch, fragte ich mich: Wie werde ich diesen Zustand mein ganzes Leben lang ertragen? Wie kann ich mich nützlich fühlen ohne Arbeit? Werde ich immer von Drittpersonen abhängig sein oder kann ich mich jemals selbstständig irgendwohin bewegen? (Zu der Zeit konnte ich noch nicht Auto fahren.) Einen Moment später fühlte ich mich wieder ganz normal und fragte mich, was ich denn eben so tragisch gefunden hatte. Ich war dankbar, immerhin alle Muskeln bewegen und aufstehen zu können. Doch aus heiterem Himmel fing ich dann plötzlich wieder an zu weinen.

Das Besorgniserregendste an allem war der Gewichtsverlust, der von einer Aversion gegen das Essen herrührte. Nach zwei Gabeln fühlte ich mich satt und den Rest musste ich hinunterzwingen. Essenswerbung im Fernsehen fand ich abstoßend.

Zuerst versuchte ich es mit allerlei alternativen Heilmethoden und war oft im Internet auf der Suche nach Hilfe aus dem spirituellen Bereich. Als sich nach sechs Monaten an meinem Seelenzustand nichts geändert hatte, empfahl mir meine Ärztin, ein Antidepressivum zu nehmen, niedrig dosiert. Nach einer Woche ging es mir schon bedeutend besser, bald war ich wieder ich selbst und das Essen schmeckte mir auch wieder.

5. Alltag im neuen Zuhause

Diese sechs Monate waren die schlimmste Zeit, vor allem für Gianni, der sah, wie ich immer dünner wurde, und daraus schloss, dass ich nicht mehr leben wolle. Dem war nicht so, ich konnte mir meine Appetitlosigkeit auch nicht erklären.

Wie gesagt, die Medikamente halfen mir schnell und gut. Im Allgemeinen waren die ersten zwei Jahre noch geprägt von häufiger Müdigkeit. Nach allem, was ich tat, war ich sofort erschöpft. Wenn ich drei Tassen abwusch, dauerte das zehnmal so lange wie normal und anschließend ließ ich mich völlig kaputt auf den nächsten Stuhl fallen. (Heute dauert es nur noch fünfmal so lange und ich kann länger stehen.) Nach dem Ausziehen meines Pullovers hätte ich mich vor Anstrengung schon ins Bett legen können. Wenn wir abends Gäste hatten, musste ich mich immer schon zwei Stunden vorher verabschieden ...

Das ist mittlerweile alles besser geworden, manchmal werden die Gäste sogar schon vor mir müde. Was leider bis heute noch ein Problem darstellt, ist meine morgendliche Müdigkeit, die bei meinem niedrigen Blutdruck von 80/60 nicht gerade verwunderlich ist. Täglich kommt der Pflegedienst, um mir beim Abführen und bei der Dusche zu helfen. Wenn es schlimm ist, müssen mir die Krankenschwestern nach den ersten paar Schritten die Füße hochlagern, damit ich nicht in Ohnmacht falle.

Habe ich einen guten Tag, so wird mit meinen Krankenschwestern, die fast alle inzwischen zu Freundinnen geworden sind, fröhlich gequasselt und gelacht. Da erfinden wir in Gedanken eine Pille, die dem Stuhlgang eine gute Parfumnote verleiht und seine Farbe in ein poppiges Rosa verwandelt. Oder wir überlegen, dass anstatt des mühsamen Abführens ein Stuhlabsauger erfunden werden müsste.

Mit einer Schwester imitiere ich gerne Tessinerisch oder süditalienische Dialekte und wir stellen uns in Gedanken vor, im Fernsehen bei einer Art italienischem Komödienstadl mitzumachen. Unsere Themen sind unerschöpflich.

Zu Hause bewege ich mich vorwiegend mit dem Rollator fort, weil man damit kleine Sachen transportieren kann. Das Gehen ist ein klein wenig stabiler geworden. Das letzte Mal bin ich vor circa einem Jahr gefallen. Vorher passierte das zwar nicht häufig, aber doch ab und zu.

Einmal fiel ich auf meine Malfarbenkiste. Da saß ich nun und konnte nicht wieder aufstehen, weil sie zu niedrig war. Ich hatte es auf alle erdenklichen Arten versucht, aber nichts war zu machen. Die Situation hatte etwas Tragikomisches, ich fühlte mich wie ein Kind auf dem Topf, das auf Mama wartet, und musste lachen. Gott sei Dank wusste ich, dass Gianni bald heimkommen und mich retten würde.

Ein anderes Mal stürzte ich vor der Haustüre und fiel in die kleine Krippe, die neben dem Eingang aufgebaut war. Dabei wurde einer der drei Könige geköpft und ein Schaf amputiert. Dann robbte ich auf dem Rücken ins Wohnzimmer und hievte mich mit Hilfe des Sofas wieder hoch. Nicht auszudenken, was passiert wäre, wenn die Haustür zu gewesen wäre, denn es war Winter und ohne ein Hilfsmittel kann ich mich nicht hochziehen.

Irgendwie waren es immer komische Situationen, in denen ich das Gleichgewicht verlor: Als ich einmal aus der Ergotherapie-Praxis kam, wartete der nächste Patient vor der Türe und hielt extra für mich seinen Hund an der Leine fest. Ich wollte den Hund loben, wie brav er sei, als dieser mich unerwartet anbellte. Vor Schreck fiel ich um, weil mein ganzer Körper spastisch geworden war. Gut, dass ich mir bei den Stürzen, außer einem Mal, nie richtig wehgetan habe! Ein Karateka kann eben richtig fallen.

Der Haushalt wird von einer Haushaltshilfe erledigt, die putzt, wäscht und kocht. Da ich vorher keine Vorzeigehausfrau war, fiel es mir nicht schwer, diese Arbeiten abzugeben. Besser, als ich dachte, gewöhnte ich mich auch an die ständige Anwesenheit einer fremden dritten Person in unserem Heim. Auch wenn ich sagen muss, dass das trotz allem nicht jeden Tag gleich einfach ist. Aus verschiedensten Gründen mussten wir immer wieder nach einer neuen Hilfe suchen und ich lernte daraus, dass ich von Anfang an bestimmte Dinge klarstellen sollte. Da nahezu alle Italienerinnen ein Quassel-Gen in sich zu haben scheinen, lernte ich, zu Beginn mitzuteilen, dass ich gerne meine Ruhe habe und ungern Familiengeschichten zweiten oder dritten Grades zu hören bekomme. Manchmal klappt's und manchmal eben auch nicht.

Nur eine brachte mich ab und zu an die Grenzen meiner Geduld: Wenn sie im Schrank oben rechts etwas suchen sollte, konnte ich davon ausgehen, dass sie unten links damit begann. Eine andere konnte im Wäschekorb kein einziges

Kleidungsstück sehen und musste jeden Tag waschen. Die Nächste hatte den Tick, die Küche picobello zu putzen, bevor sie mit dem Kochen begann, um sie danach wieder intensiv zu reinigen. Eine wusch vorsichtig von Hand meinen blau-weißen Wollpullover, um ihn dann zusammen mit einem roten Kleidungsstück in den Trockner zu werfen. Das Resultat muss ich nicht beschreiben.

Aber abgesehen von den kleinen Marotten und ein paar Ausrutschern bin ich sehr zufrieden mit meinen »Lebensabschnittsbegleiterinnen«. Die jetzige heißt Santina, das bedeutet »kleine Heilige«. Sie macht ihrem Namen alle Ehre und ist sehr liebenswert. Ich glaube, ich werde auch bald heiliggesprochen, da ich bisher alle Marotten meiner Helferinnen stoisch ertragen habe.

Das allergrößte Highlight in meinem »neuen Leben« ist für mich, dass ich wieder selbst Auto fahren kann. Zum Fahren brauche ich ein Automatikauto und ein extrem leicht eingestelltes Lenkrad. Dazu musste ich noch einmal eine praktische Prüfung absolvieren.

Nach mehr als zwei Jahren Fahrabstinenz war ich zuerst etwas ängstlich und fuhr zu langsam. Es dauerte aber nicht lange und ich hatte wieder Zutrauen gefunden. Da mein Zuhause am Berg liegt, mit zahlreichen Kurven, fahre ich diesen Weg im Vergleich zu meiner früheren Geschwindigkeit im Schneckentempo. Sobald es eine Kurve zulässt, lasse ich mich natürlich überholen. Zu Beginn habe ich mich geärgert, wenn jemand hupte, obwohl das Behindertenzeichen auf dem Auto klebt, aber ich hatte es früher auch immer eilig und wenn's pressiert, dann pressiert's halt.

Nicht nur mein jetziger Zustand, auch mein Alter führen mir gewisse Gefahren besser vor Augen als früher. Man denkt immer, nur die anderen schneiden Kurven. Jedoch bewusst oder unbewusst schneiden wir sie alle, ohne Ausnahme! Auch wenn ich mir dessen bewusst bin, erwische ich mich leider oft selbst dabei. Kurz gesagt: Die Straße ist gefährlich.

Mit dem eigenen Auto zum Kaffeetrinken, in die Therapie oder sonst wohin fahren zu können, erscheint mir heute noch wie ein Wunder. Darüber freue ich mich jeden Tag. Inzwischen fahre ich auch alleine vom Tessin nach Deutschland, was mit Pausen fünf Stunden dauert.

Obwohl ich absolut keine Probleme habe, mich vor den Leuten im Rollstuhl zu zeigen, ist das Auto einer der wenigen Orte, wo ich mich nicht behindert fühle. Zumindest die entgegenkommenden Autofahrer sehen weder den Rollstuhl noch die Stöcke noch das Behindertenzeichen. Das hilft mir herzlich wenig, gibt mir aber komischerweise ein gutes Gefühl.

Na ja, ein bisschen eitel war ich schon immer. Ich bin froh, dass ich mein Gewicht von 50 Kilogramm halte, und wenn ich die Haare nach dem Waschen mit dem Lockenstab eindrehe, kann ich begeistert meine Haushälterin fragen: »Bist du dir eigentlich bewusst, welch hübsche Arbeitgeberin du hast?« Dann lachen wir beide und ihr »Ja« interpretiere ich als Kompliment.

Früher habe ich mich über die viele Post in meinem Briefkasten gefreut. Heute bekomme ich im Sommer höchstens zwei, zur Weihnachtszeit fünf Karten und gar keinen handgeschriebenen Brief mehr. Trotzdem ist der Briefkasten oft voll, aber meine Freude darüber hält sich in Grenzen. Vor allem in der ersten Zeit nach der Rückkehr aus der Reha wurde ich überflutet von Briefen von Versicherungen und anderen Institutionen, dazu kam die übliche Werbepost von Wohltätigkeitsvereinen, und jährlich wurde es mehr. Wenn ich dann am morgendlichen Postaufmachen war, stöhnte ich nur: »Es ist eben viel zu tun mit drei Firmen!« So kam ich mir wirklich vor bei dieser Menge an Briefen, die mich täglich erreichten.

Eigentlich hätte ich froh sein können, wenigstens tat ich etwas Sinnvolles, und Gianni hasst bürokratischen Kram.

Heute gehe ich regelmäßig in unsere Physiopraxis und kümmere mich um das Administrative. Dazu gehört leider auch das Geldeintreiben. Manchmal ist es etwas peinlich, vor allem, wenn man dreimal anfragen oder schreiben muss, bis bezahlt wird.

Vor ein paar Monaten mussten wir ein neues Computerprogramm in der Praxis einführen. Ich bin gottfroh, dass wir eine junge Angestellte haben. Die kapiert es besser und schneller. Bei Bedarf kann ich mich an sie wenden. Vielleicht wäre ich auch fitter darin, wenn ich von Kindesbeinen an mit Computern umzugehen gelernt hätte, aber fast alle Menschen über 50 verstehen meine Schwierigkeiten.

Wenn ich in der Praxis bin, bespreche ich Krankenkassen- und Unfallversicherungsprobleme mit der Angestellten Sara. Nachdem diese gelöst sind oder auch nicht, wende ich mich dem E-Banking zu. An Einzahlungsscheinen, die uns ins Haus fliegen, mangelt es leider nie. Dann kommt noch ein Schwätzchen mit Patienten. Danach ist schon der ganze Nachmittag vorbei und ich kann zufrieden nach Hause fahren.

Während der Fahrt denke ich oft zurück an die Patientengespräche. Es gibt Leute, die mir sagen, sie kämen sich dabei schlecht vor, wenn sie bei mir über ihr Weh klagen. Dann wehre ich sofort ab und erkläre ihnen, dass es mir gut geht. Ich bin fest davon überzeugt, dass Schmerzen, vor allem chronische Leiden, bedeutend schlimmer sind als alles, was ich durchgemacht habe. Mir wurden Schmerzen, bis auf wenige Episoden, Gott sei Dank erspart. Die oben erwähnte Spastik ist in meinem Fall unangenehm, aber tut nicht weh.

Außerdem hat jeder sein Päckchen zu tragen, manche sind aus Schmerz gemacht, andere aus schwierigen Familiensituationen, wieder andere aus unerträglichen Arbeitsumständen … Und nicht jeder hat gleich breite Schultern. Deswegen habe ich großen Respekt vor jedem, der sein Leid trägt. Zuweilen kann auch ein Kleinfingerbruch schlimmste Auswirkungen haben.

Alles ist relativ. Manchmal ärgere ich mich, dass ich so langsam und wackelig unterwegs bin … Wenn ich aber an die ersten Wochen nach dem Unfall denke, bin ich froh über jeden Schritt, den ich heute machen kann, auch wenn er noch so unsicher ist.

Die Zeit unmittelbar nach dem Unfall hat mich sehr viel gelehrt. Bewusstheit und Dankbarkeit werden mir täglich wichtiger und bringen mich vorwärts auf dem Weg des Glücks.

Anfangs ging ich zweimal wöchentlich zur Ergotherapie, die dann leider von den Kassen gekürzt wurde. Meine Ergotherapeutin Lisa war mir, neben dem Fachlichen, eine große Hilfe bei der Bewältigung meines Schicksals.

Zweimal pro Woche mache ich bis heute Therapie mit meiner Physiotherapeutin Floriana. Gianni muss genug für mich tun, deswegen kam er als mein Therapeut von vornherein nicht infrage.

Floriana ist ursprünglich Italienerin, aber deutscher als ich. (Nicht umsonst hat sie einen Schweizer geheiratet und ich einen Italiener.) Sie ist sehr organisiert, akkurat, pünktlich, zuverlässig, professionell und extrem kreativ bei der Übungsauswahl. Da sie viel verlangt, nenne ich sie zuweilen »Sklaventreiberin«, aber sie meint, mit meiner masochistischen Ader ließe sich ihr Stil gut vereinbaren. In den »aktiven Pausen«, das heißt, ich habe Pause und sie massiert mich, nehmen wir uns Zeit für ein Schwätzchen. Mit ihr macht die Therapie richtigen Spaß. Einmal pro Woche nimmt sie sich eine halbe Stunde Zeit, um mit mir Deutsch zu üben. Dabei wird mir immer bewusster, wie schwierig unsere deutsche Sprache ist.

Es macht mir Freude, anderen Deutsch beizubringen. Eine weitere Schülerin ist meine derzeitige Krankenschwester. Sie ist jung und sprachbegabt. Unglaublich, wie viele neue Wörter sie an einem Tag aufnehmen und am nächsten Tag reproduzieren kann.

Ich habe sehr viel Glück mit meinem persönlichen Umfeld, und wenn ich nicht gerade Blasen- oder Blutdruckprobleme habe, geht es mir ausgesprochen gut und ich genieße das häufig schöne Wetter im Tessin.

6. Was für Helden!

Anfangs hatte ich genug mit mir selbst zu tun. Erst fünf Jahre nach dem Unfall begann ich, mit großem Interesse in der Zeitschrift «Paraplegie» zu lesen. Ich fand darin viele berührende Lebensgeschichten, oft Erfolgs- oder Heldengeschichten, die mich sehr begeisterten und mich die Menschen, von denen sie erzählten, wirklich bewundern ließen. Dies löste aber unwillkürlich etwas in mir aus.

Ich fragte mich: Was ist mit mir?

Ich hatte das Gefühl, bisher nichts wirklich erkämpft zu haben oder nichts Besonderes zu sein. Ich strebte weder eine sportliche Karriere an noch gründete ich eine neue Firma, ich setzte mich nicht für die Bedürfnisse von Behinderten ein und konnte auch von keiner anderen Heldentat berichten. Ich fühlte mich unnütz, faul und unfähig. Das beschäftigte mich sehr und ich machte mir so meine Gedanken über das Thema »Helden«.

Meiner Ansicht nach gibt es verschiedene Heldentypen:

1. Das geborene Genie: Der Held hat eine besondere Gabe, kann singen, tanzen, Musik machen, schauspielern oder malen und wird zufällig entdeckt und berühmt. Das Schicksal hat ihm eine besondere Gabe in die Wiege gelegt, dazu ist er auch noch gut aussehend. Damit ist der Grundstein für seine Karriere gelegt. Dem Star steht nichts im Wege!

2. Das fleißige Genie: Der Held hat eine Gabe, muss jedoch sehr viel dafür tun, um der Beste zu sein, und wird dadurch berühmt. Es steckt ein unerbittlicher Fleiß dahinter: unendlich viele Übungsstunden (beispielsweise mit einem Instrument) oder intensive sportliche Ertüchtigung etc.

3. Superman: Der Held macht etwas Gefährliches, denn er sucht stets die Herausforderung, beispielsweise beim Extremsport, als Stuntman oder bei anderen lebensgefährlichen Aktivitäten.

4. Der erfolgreiche Businessman: Er baut zum Beispiel eine Firma auf und weitet sie zum Konzern aus, er ist reich, einflussreich, bekannt und angesehen. Dafür hat er sich viel Mühe gegeben und sehr viel gearbeitet. Wer weiß, vielleicht hat er deswegen seine Familie verloren ... Er hat ein gutes Händchen für Geschäfte und zur richtigen Zeit die richtigen Entscheidungen getroffen ...

5. Der Heilige oder jemand wie Mutter Teresa: Sie fühlen sich berufen und es steckt in ihnen häufig eine übermenschliche Kraft.

6. Der Erfinder: Er tüftelt lange und meist durch Zufall macht er eine große Entdeckung. Vielleicht war es Intuition, göttliche Eingebung oder einfach nur Glück?

7. Der Guru: Er hat großes Charisma, das er durch viel Lebenserfahrung und Weisheit erlangt hat, oder wegen eines Schicksalsschlags, den er überwunden hat. Er ist ein spiritueller Leader, der erleuchtete Momente erlebt hat und anderen ein Wegbegleiter sein kann.

8. Der Lebensretter: Er rettet Leben, ohne Furcht, dabei sein eigenes zu verlieren.

9. Menschen, die einen Schicksalsschlag erleiden und das
Beste daraus machen ...

Wir alle haben unterschiedliche Vorstellungen davon, wen
wir als einen Helden bezeichnen würden. Michael Jackson
beispielsweise ist ein Idol für viele. Doch anderen gefällt weder seine Musik noch sein eigenwilliger Lebensstil. Für diese
Menschen ist er alles andere als ein Held.

Ich persönlich bewundere Samuel Koch, der im Dezember
2010 bei »Wetten, dass ... ?« verunfallt ist, sehr. Es gibt jedoch
Leute, die der Meinung sind, er läge nun wegen seiner »Spinnerei« den Krankenkassen auf der Tasche.

Meditierende geistige Führer sind für manche ein Idol, für
andere wiederum Nichtsnutze, die in ihrem Leben nichts Pro-
duktives leisten.

Natürlich ändert sich die Sicht auf Helden und Idole von
Person zu Person, von Kultur zu Kultur und auch von Zeit
zu Zeit.

Es gibt Menschen, die ich persönlich sehr bewundere und
als Vorbilder oder als Helden betrachte. Zunächst scheinen
sie mir unerreichbar zu sein. Wenn ich jedoch aufmerksam
bin, sehe ich immer mehr Helden um mich herum. Es sind
die Helden des Alltags.

Ich sehe Feuerwehrmänner, die bei jedem Einsatz ihr
Leben aufs Spiel setzen. Ich denke an das Krankenhaus-
personal, das eine überaus große Verantwortung hat. Nur
ein einziges Fehlverhalten könnte im schlimmsten Fall ein
Menschenleben kosten. Lehrer müssen täglich mit den
unterschiedlichsten Kindern klarkommen und gute Päda-
gogen geben ihren Schützlingen Wichtiges auf den Lebens-

weg mit. Kindererziehung scheint mir, die ich kinderlos bin, überhaupt eine extrem hohe Herausforderung für Eltern zu sein. Und so gibt es unendlich viele Beispiele für Helden des Alltags.

So gesehen sind wir doch alle Helden, nur eben nicht so berühmt!

Nach dieser und einigen anderen Erkenntnissen ging es mir schon wieder besser.

Für alle, die also wie ich nicht so große Helden sind, reiche ich einen Artikel bei der Zeitschrift »Paracontact« ein. Was ich darin geschrieben habe, geht eigentlich alle an, ob krank oder gesund, ob Held oder Versager. Leider wurde der Artikel nicht veröffentlicht, weil es keine Rubrik dafür gab ... Deswegen schaffe ich mir hier eine eigene:

7. Die rosarote Brille

Es gibt Tage, an denen sehe ich das Glas halb leer ...
... Ich werde durch das Klingeln der Schwester aus dem Tiefschlaf gerissen, setze mich mühevoll an den Bettrand und bitte sie um einen Espresso, bevor ich umkippe, denn ich sehe mal wieder Sternchen.

Ich schleppe mich mit dem Rollator ins Bad, lasse mich auf die Toilette fallen und muss mir die Beine hochheben und einen kalten Waschlappen fürs Gesicht geben lassen. Nach dem Abführen, das heute wegen meiner Hämorrhoiden schmerzt, gehe ich unter stetigem Gähnen in die Dusche und ärgere mich, dass das Wasser ewig nicht heiß wird.

Heute muss ich auch noch Haare waschen lassen, draußen ist schlechtes Wetter und später habe ich Physiotherapie. Wie soll ich das denn alles schaffen?

Ist das Glas halb voll ...
... begrüße ich voller Freude meine temperamentvolle italienische Krankenschwester, die immer mit einer geradezu ansteckend guten Laune hereinkommt und mit der ich sehr interessante, teils profane, teils hochphilosophische Gespräche in der Dusche führe. Ich ersetze nicht selten ihren Psychologen, während sie mir sehr wertvolle Alltagstipps gibt, wie zum Beispiel: Wie bekämpft man eine Invasion von Ameisen?

Daria ist Buddhistin und vermeidet es, Tiere zu töten, was

mir sehr gefällt. Also erklärt sie: »Zuerst streue ich Zucker vor das Fenster, damit sie draußen bleiben. Dann erkläre ich denen, die drin sind, dass dies mein Haus ist, und sie möchten dieses doch bitte verlassen. Aber das verstehen nur die norditalienischen Völker, mit den dickköpfigen süditalienischen Ameisen ist es schwieriger. Wenn diese nicht verstehen wollen, ermorde ich schweren Herzens eine und lasse sie als Abschreckung auf dem Schlachtfeld zurück ...«

Dann heitert sie mich auf, indem sie von früheren Zeiten erzählt, als sie Bäuerin war: »Eines Tages riefen mich völlig aufgebracht die Zöllner an und beschwerten sich über meine Kuh Flora, die sich gemütlich am Zoll niedergelassen und eine riesige Autoschlange verursacht hatte.

Am nächsten Tag beschwerte sich der nahe gelegene Supermarkt, meine Kuh Graziella würde den draußen ausgestellten Salat verschlingen und mit ihrem Hintern den Eingang blockieren. Mein Mann fuhr in jener Zeit immer mit unserem Schwein umher, das aufgeregt und neugierig, mit Hut und Sonnenbrille bekleidet, aus dem Fenster schaute ...«

Mit Daria gibt es immer was zu lachen.

Meine Haushaltshilfe erzählt mir auch eine nette Geschichte: »Als das Fernsehen in die Häuser kam, räumte meine betagte Nachbarin vor der ›Tagesschau‹ immer das Wohnzimmer auf, weil sie überzeugt war, die Moderatorin könne ihre Wohnung sehen, und deren Gruß erwiderte sie stets höflich mit ›Guten Abend!‹«

Fröhlich und gut gelaunt beginne ich nach einer dieser Geschichten meinen Tag!

Ist das Glas wieder halb leer ...

... stehe ich, noch müde vom Mittagsschlaf, auf und fahre mies gelaunt in unsere Physiotherapie-Praxis. Die vielen Kurven auf dem Weg strengen meine Arme an und ich bin total verspannt. Da ich nicht mehr so schnell fahren kann wie früher, fühle ich mich vom Hintermann bedrängt, da hupt er und überholt mich halsbrecherisch! Hat der das Behindertenzeichen nicht gesehen, dieser Blödmann? Und die nächste Überraschung erwartet mich schon. Der Behindertenparkplatz ist, wie so oft, mal wieder besetzt!!! Ich steige aus und die Windböen sind so stark, dass ich beinahe umfalle. Zum Glück hält mich meine Begleiterin in letzter Sekunde fest.

In der Praxis angekommen möchte ich Rechnungen schreiben, doch innerhalb von fünf Minuten stürzt mein Computer zwei Mal ab. Ich will bei einer Krankenkasse anrufen, und nachdem ich Dutzende von Tasten (1, 2, 3, 4 ...) gedrückt habe, um in die richtige Abteilung zu gelangen, bekomme ich mit gestern und heute nun zum sechsten Mal zu hören, dass im Moment alle Leitungen besetzt seien, es gäbe fünf Minuten Wartezeit.

Ein Patient möchte den nächsten Termin vereinbaren und es dauert ewig, bis wir eine ihm passende Zeit gefunden haben. Ich frage ihn, was er so mache, und dachte ich's mir doch, er ist Rentner!!!

Gut, dass das Glas sich wieder halb füllt! ...

... Denn heute fahre ich mit guter Laune und großer Dankbarkeit dafür, dass ich wieder selbst Autofahren kann, in meine Praxis. Die Patientin im Wartezimmer antwortet auf mein »Wie geht's?«: »Wenn ich Sie sehe, geht es mir gut, Sie haben mir sehr viel Kraft gegeben.«

Ich freue mich, meinen Mann, auch Physiotherapeut, zu sehen, der glücklich ist, mich wieder in der Praxis zu haben. Ich habe großes Glück, denn er ist der beste Mann der Welt und ein toller Therapeut.

Unsere neue Angestellte ist sehr kompetent und die Zusammenarbeit mit ihr macht Freude. Es wird viel gescherzt bei uns, auch mit Davide, einem völlig gelähmten MS-Patienten, der immer für einen Spaß zu haben ist und dessen Gelassenheit ich sehr bewundere. Ich habe ihn noch nie jammern gehört.

Ich gehe aus der Praxis und mache noch einen Ausflug mit meiner 88-jährigen Mutter, die zurzeit aus Deutschland auf Besuch ist. Wie schön, sie noch so gesund bei mir zu haben. Wir verstehen uns gut und unternehmen vieles zusammen! Was für eine wunderbare Natur, denke ich, und welch tolles Klima hier im Tessin, ist das nicht paradiesisch?

Ich bin nicht die Einzige, die das Glas immer wieder mal halb leer sieht und es manchmal sogar noch vollends ausschüttet. Ein anderes Mal nehme ich das Leben deutlich positiver wahr und setze dazu noch eine rosa Brille auf.

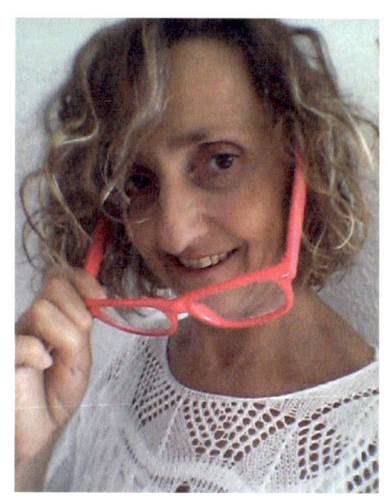

Täglich wird mir bewusster, dass ich mich immer mehr dafür entscheiden möchte, die rosarote Brille anzuziehen (wenn ich sie nicht gerade verlegt habe).

8. »Titos Brille«

In Nottwil erfuhr ich, dass ich, wider Erwarten, privat versichert war. Das konnte ich kaum glauben und ließ es zur Sicherheit nochmals abklären, da ich nicht Gefahr laufen wollte, plötzlich auf einem unnötigen Schuldenberg zu sitzen ...

Aber es stimmte. Unter anderen Annehmlichkeiten wurde ich monatlich mit einer kleinen Aufmerksamkeit beschenkt. Dazu gehörte eine Bücherliste, aus der ich mir ein Buch nach Belieben auswählen durfte. Mir war nach allem anderen zumute als nach Lesen, aber meine beiden Freundinnen insistierten darauf und lasen mir verschiedene Buchbeschreibungen vor. Alle drei entschieden wir uns, trotz des eigenartigen Titels, für das Buch »Titos Brille« von Adriana Altaras.[1]

Die Schauspielerin und Regisseurin Adriana Altaras wurde 1960 in Zagreb geboren und studierte Schauspiel an der Berliner Hochschule der Künste und an der New York University. Sie ist in zahlreichen Kino- und Fernsehfilmen zu sehen und hat viele Auszeichnungen erhalten, unter anderem: Bundesfilmpreis, Theaterpreis des Landes Nordrhein-Westfalen, Silberner Bär für schauspielerische Leistungen (Berlinale 2000) ...

Nachdem dieses Buch einige Monate als Staubfänger diente, entdeckte ich am Schwarzen Brett die Ansage einer

Autorenlesung. So erlebte ich Adriana Altaras höchstpersönlich bei ihrer Buchvorstellung und sie beeindruckte mich sehr mit ihrer quirligen und witzigen Art.

Wieder zu Hause, begann ich mit der Lektüre. Die Buchzusammenfassung lautet folgendermaßen:

»Adriana Altaras führt ein ganz normal chaotisches und unorthodoxes Leben in Berlin: mit zwei fußballbegeisterten Söhnen, einem westfälischen Ehemann, der ihre jüdischen Neurosen stoisch erträgt, und mit einem ewig nörgelnden, stets liebeskranken Freund. Alles bestens also ... bis ihre Eltern sterben und sie eine Wohnung erbt, die seit 40 Jahren nicht mehr ausgemistet wurde. Fassungslos kämpft sich die Erzählerin durch kuriose Hinterlassenschaften, bewegende Briefe und uralte Fotos. Dabei kommen nicht nur turbulente Familiengeheimnisse ans Tageslicht, auch die Toten reden von nun an mit und erzählen ihre eigenen Geschichten ...«

Etwa in der Mitte des interessanten Buches ist ein persönlicher Brief eines Kollegen ihres Vaters abgedruckt. Der Herr spricht Adriana Altaras darin sein Beileid zum Tod ihrer Mutter aus, deren Engagement er sehr rühmte. Der Brief ist unterschrieben mit »Professor Dr. Ringleb« ... Als ich das las, überkam mich plötzlich ein Gefühl der Rührung, denn diesen Herrn hatte ich zufällig vor mehr als 20 Jahren als einen meiner ersten Patienten behandelt. Er war mir speziell in Erinnerung geblieben, da er ärztlicher Direktor und Dekan an der Universität in Gießen war.

Nach anfänglicher Antipathie hatten wir eine humorvolle Ebene gefunden und ich hatte ihn bald ins Herz geschlossen. Er lud mich damals in das beste Restaurant am Platz ein und gab mir am Ende seines Aufenthalts ein außergewöhnliches

Trinkgeld. Zu dieser Zeit plante ich eine Reise nach Indonesien und mit dem Inhalt des Kuverts, das er mir überreichte, konnte ich ein Zehntel des Flugtickets bezahlen.

Was für eine Überraschung!!! Ist das nicht eine bewegende Geschichte? Ich sah gleich im Internet nach, aber leider war er inzwischen schon verstorben.

Als ich neulich mit meiner Freundin Sonni telefonierte, erzählte sie mir begeistert, dass sie die Verfilmung von »Titos Brille« im Kino gesehen hatte und der Film noch besser sei als das Buch. Daraufhin habe ich mir auf Youtube den Trailer und Talkshows angeschaut, bei denen Adriana Altaras eingeladen war. Sie ist Jüdin und durch ihr Buch bin ich neugierig geworden auf die jüdische Geschichte. Auch die jüdischen Sitten und Bräuche interessieren mich. »Titos Brille« hat mich dazu inspiriert, mehr über die jüdische Lebensweise erfahren zu wollen. Über das Lesen von Büchern wird man allgemein aufgeschlossener gegenüber anderen Kulturen und Lebensweisen. Beim nächsten Treffen sehen Sonni und ich uns den Film gemeinsam an.

9. Noch ein g-r-a-n-d-i-o-s-e-s Buch

Meine Schwägerin, die *Püppi* genannt wird, schenkte mir neulich ein von ihr noch nicht gelesenes Buch: »30 Songs und eine Frau« von Christine Weiner[2]. Einer der farbigsten und verrücktesten Romane, die ich in letzter Zeit gelesen habe:

Anne, eine frustrierte Fünfzigerin, stellt fest, dass sie am Ende ihrer Kräfte ist. Ihre Ehe ist völlig platt und aus ihrem Partner ist ein unausstehlicher, trockener und zynischer Steuerberater geworden. Ihr Leben ist alles andere als prickelnd und schmeckt nicht mehr nach Erdbeersekt, nicht nach Capri-Sonnen-Liebe und es fallen auch keine Glücksschneeflocken mehr. Beim Ausräumen des Hauses ihrer alten Mutter, die sie »Fürstin« nennt, weil diese sie wie eine Bedienstete behandelt und sie ohne Erbarmen hin und her schikaniert, entdeckt sie auf dem Speicher einen alten Kassettenrekorder und hört sich die von ihr und ihrer Freundin besprochenen Kassetten an. Beide erzählen darauf mit Enthusiasmus von ihren Zukunftsträumen und die Musik versetzt Anne in ihre beste Zeit zurück ... Völlig überstürzt und gegen ihren eigentlich so gesunden Menschenverstand entscheidet sie sich, ohne Vorbereitungen nach Wien abzuhauen. Dort sucht sie versehentlich auf einer Regenbogeninternetseite eine Frauen-WG und landet unerwartet bei Greta und Marlene, zwei völlig durchgeknallten Transvestiten, die Anne mit ihrer Federboa und pompösen Perücken überschwänglich begrüßen und sie an ihr künstliches Dekolleté drücken. Begeistert rufen sie: »Aaaaah, das ist ja g-r-a-n-d-i-o-s-! Wir werden dich Annerl rufen, nein, besser **Püppi** ...«

Sie erlebt in kürzester Zeit alles, was sie sich gewünscht hatte. Nicht nur mit Erdbeersekt, sondern mit Champagner wird sie schon bei der Begrüßung ordentlich abgefüllt. Bald wird sie im illustren Kreis ihrer neuen Freunde zur Dancing Queen, sie springt bei einer kleinen Oper als Sängerin ein, und auch vor einer Affäre mit dem Kellner eines Nightclubs, der im Alter ihres Sohnes ist, schreckt sie nach kurzem Bedenken nicht zurück ...

Abgesehen von den Namen (wie erwähnt, nennt Anne ihre Mutter »Fürstin« und sie selbst erhält den Spitznamen »Püppi«) gibt es keine Parallelen. Aber ich glaube, das Buch gebe ich lieber mal nicht meiner Schwägerin zum Lesen ... Für alle anderen, vor allem für diejenigen, die es gerne bunt haben, ist es ein g-r-a-n-d-i-o-s-e-r Tipp!

10. Was mich mit Gerhard Richter verbindet

Mit Sonni war ich vor vier Jahren im Kunstmuseum »Fondation Beyeler« bei Basel. Wir besuchten die Ausstellung von **Gerhard Richter**, dem zurzeit berühmtesten Maler Deutschlands. Als wir uns so umschauten, dachte ich mir bei den ersten Bildern, die wir sahen: »Oi, schau mal, der malt im gleichen Stil wie ich!« (Nur der Preis unterschied sich etwas.) Denselben Gedanken sprach meine Freundin in der nächsten Sekunde aus. »Der hat von mir abgeschaut«, scherzte ich mit ihr. Lachend gab sie mir absolut recht. Diese Bilder zeigten natürlich nur einen Teil seiner variablen Stile, aber ich fühlte mich gut nach dieser Ausstellung, zumal mir die Ähnlichkeit unserer Bilder von vielen Bekannten auch im Nachhinein bestätigt wurde.

Erst gestern kam eine Tessiner Freundin zu mir, um von ihrer Reise nach London zu berichten. Mit ihrer Tochter besuchte sie unter anderem das Museum für moderne Kunst »Tate Modern«. Als sie erzählte, dass ihre Tochter dort die Ähnlichkeit der Werke eines deutschen Künstlers mit meinen Bildern festgestellt hatte, sagte ich im Spaß: »Hieß er Gerhard?« Im selben Moment suchte sie nach dem Nachnamen, und gleichzeitig riefen wir, wie aus einem Munde: »Richter!« Ja!!! Einfach ein schönes Gefühl, als Autodidakt mit viel Passion einem wahren Künstler nahezukommen!

… Eine große Leidenschaft der Fürstin war das Weben von Wandteppichen. Gut, dass sie nach dem schweren Sturz wieder weben konnte! Sie begann damit und folgte wie immer den alten Regeln und Mustern, webte Landschaften und Personen, die der Wirklichkeit sehr nahekamen. Eines Tages entstand gerade ein Garten mit Blumen und Gemüsesorten aller Arten vor ihr, da sprach plötzlich eine Erbse zu ihr: »Warum webst du immer so langweiliges Zeugs? Landschaften kann jeder weben, du hast so viel Talent, erfinde doch etwas Neues!« Nachdem sie zunächst entrüstet abwehrte, spielte sie tatsächlich mit dem Gedanken, von den üblichen Motiven abzukommen, und versuchte sich an neuen Kreationen. Sie entfernte sich mehr und mehr vom traditionellen Stil der Teppiche, die den Palast dekorierten. Ihr gefiel es, Fabelwesen zu entwerfen wie Einhörner, Kobolde und Feen; solche, die sie im Zauberwald gesehen hatte, und andere Fantasiewesen. Diese wob sie mit viel Geschick in ihre Werke. Dabei spielte sie mit Farben und Größenverhältnissen, wie es ihr gefiel …

11. Zum Malen geboren

Schon als Kind habe ich alle möglichen Blätter und Blöcke vollgemalt und -gekritzelt. Im Alter von 16 Jahren begeisterte mich eine Freundin, die mit Porträtmalen begonnen hatte. Ihre Staffelei machte mir großen Eindruck. Diese Passion steckte mich an, und so legte ich als Jugendliche den Grundstein für meine autodidaktische »Malerkarriere«.

Vielleicht habe ich was von meinem Vater geerbt, der Kunstschmied und Bauschlosser war. In Rottweil gibt es einige Werke von ihm zu bestaunen. Schmiedeeiserne Brunnen, Tore und Stechschilder, die ich meinen Gästen bei Stadtrundgängen voller Stolz zeige.

Bei mir wechselten sich kreative Malperioden mit mehr oder weniger langen schöpferischen Pausen ab. Meine Malerei war Zeitvertreib, Hobby und ab und an auch eine gute Eigentherapie. Ich probierte alle möglichen Arten und Techniken aus, die es beim Malen gibt. Eine Zeit lang bemalte ich venezianische Gipsmasken. Ich experimentierte mit Gipsmasse auf Karton, nahm Tüll, um spezielle Effekte zu erzielen, und sogar mit Uhu-Klebstoff kamen interessante Dinge heraus …

Nicht immer gelangen mir schöne Werke, des Öfteren wurde ich ungeduldig und war genervt. Je gereizter ich war, desto mehr schmierte ich herum. Da man mit Acrylfarbe ganz gut schmieren kann, entdeckte ich, dass auch Schmieren seinen

Charme hat. Kaum zu glauben, aber die Bilder, die ich in Rage malte, waren gar nicht mal die schlechtesten. Das Schöne bei Acryl ist, dass man, falls nötig, immer wieder darübermalen kann. So kann es unter Umständen zu schwierigen Geburten kommen, die mehrere Anläufe brauchen.

Ich habe ganz bewusst nie Mal- oder Zeichenunterricht genommen, weil ich mich auf keinen Fall von irgendwelchen Regeln beeinflussen lassen wollte. Im Leben gibt es viel zu viele Regeln, die zu beachten sind, wenigstens in meiner Kunst wollte ich völlig frei sein. Frei tun und lassen können, was ich möchte. Das ist ein großartiges Gefühl.

In einer schweren Zeit der Selbstfindung, als junge Erwachsene, in der ich alles und jeden infrage stellte, war in meinem Kopf ein unendliches Chaos entstanden. Meine Seele war völlig aufgewühlt. Durch Zufall machte ich eine wertvolle Entdeckung. Ich mischte Wasser- oder Aquarellfarben mit weißer Plakatfarbe, die eine viel dickere Konsistenz aufweist. Beim Druck auf Papier entstand aus der Plakatfarbe eine sehr geordnete, filigrane, federartige Form. Fasziniert schaute ich auf die regelmäßige Fiederung. Da verspürte ich ein ungemeines Glücksgefühl, weil aus dem Chaos von selbst Ordnung entstanden war. Welche Offenbarung! Das brachte mich zur Ruhe. Es war wie ein Zeichen, dass mein Leben von selbst wieder in Ordnung kommen würde.

Dabei machte ich zufällig eine andere wichtige Entdeckung: Vor dieser Zeit kombinierte ich nur sehr wenige Farben miteinander und versuchte, immer die gleichen Farbtöne zu verwenden. Nun stellte ich beim Ineinanderlaufen der Wasserfarben während des Drucks mit Freude fest, dass man die absurdesten Farbkombinationen nebeneinandersetzen und damit ein wunderschönes Ergebnis erzielen kann! Durch diese Erkenntnis veränderte sich mein Malstil drastisch, meine Bilder wurden ausdrucksvoller und vielseitiger.

Mein Stil ist vorwiegend abstrakt. Angespornt von zwei Freundinnen entschied ich mich im Jahr 2009 meine Bilder auszustellen.

Ausstellung

Die Vorbereitung der Ausstellung war kein leichtes Unterfangen. Meine Bilder waren mir zu schade, um sie nur in einem Restaurant aufzuhängen, ich suchte eine Galerie. Nach langer Zeit des Suchens empfahl mir ein Künstler, den ich über eine Bekannte kennengelernt hatte, schließlich eine geeignete.

Eine Ausstellung in einer Galerie ist mit Kosten und sehr, sehr viel Arbeit verbunden, umso mehr, als es meine erste war. Nun musste ich die schon gerahmten Bilder nochmals auseinandernehmen und putzen, manche professionell rahmen lassen, Etiketten aus Karton schneiden und mit computergeschriebenen Zettelchen bekleben. Und das bei 100 Ausstellungsstücken an der Zahl.

Aber damit nicht genug, es war noch mehr im Vorfeld zu erledigen: Einladungen zum Druck geben, Artikel für die Presse aufsetzen, Preisliste schreiben, Vernissage mit Aperitif vorbereiten, Catering organisieren, genügend kaltgestellten Sekt bereithalten, kleine Rede für Vernissage vorbereiten, Bilder einpacken und die schwierigste und kniffeligste Arbeit: die Bilder vorteilhaft zusammenstellen und aufhängen.

All dies wäre ohne meine multitalentierte Freundin Michaela als private Managerin unmöglich gewesen! Aber es hat sich gelohnt. Mein Traum ist in Erfüllung gegangen. Es lohnt sich immer, Träume zu verwirklichen!!! Das gibt ein tiefes Gefühl der Zufriedenheit.

12. Kreativität

So groß die Zufriedenheit in solchen Momenten auch ist, hält sie leider nicht für immer an. Nach der Verwirklichung eines Traums spüre ich bald wieder eine Leere, die mir schwer zu schaffen machen kann. Dann muss ein neues Ziel gefunden werden.

Aber das macht mich als Menschen aus: Ich spüre eine Grundantriebskraft in mir, die mich dazu bewegt, aktiv zu sein und etwas manuell oder geistig zu kreieren. Das ist doch auch das Besondere am Leben! Kreative Arbeit, deren Ergebnis ich anschauen, anfassen oder gebrauchen kann, macht mich zufriedener als eine Tätigkeit, die unsichtbar bleibt.

Es ist schön, dass wir in der heutigen Zeit vielen kreativen Hobbys nachgehen können und es unendlich viele Volkshochschulangebote gibt, bei denen wir unsere Fähigkeiten entdecken können. Das Ergebnis kreativer Arbeit muss nicht unbedingt materiell sein, es kann sich auch um ein geistiges Produkt handeln.

Mehr als nur ein Glas ...

Ein Glas kann halb voll oder halb leer sein, je nach Perspektive. Das Glas kann aber auch halb rot, halb blau bemalt sein. Nehmen wir an, so steht es auf dem Tisch und zwei Personen sitzen sich gegenüber und streiten. Die eine sitzt vor dem Glas und behauptet, es sei rot. Die andere ist davon überzeugt, dass es ein blaues Glas ist. Solange die beiden auf ihrer Stelle sitzen bleiben, beharrt jeder auf seiner Meinung. Fähig, den anderen zu verstehen, ist nur derjenige, der von seinem Platz abrückt, um die andere Seite zu erkennen. So einfach ist es, es braucht nur einen veränderten Blickwinkel, um den anderen besser verstehen zu können.

Ein Glas kann ein Wasserglas oder ein Teeglas sein, es kann einen Henkel besitzen oder auch nicht, kann benutzt werden oder nur als Schmuckstück im Regal stehen. Wenn wir die Welt durch das Glas hindurch ansehen, verändert sie sich und verschwimmt.

Wir können ein Glas umfunktionieren und als runde Ausstechform benutzen, wir können damit einen Kreis auf Papier malen oder es als Musikinstrument zum Klingen bringen. Wir können es als Vase gebrauchen oder als Münzensammelbehälter, als Messgerät für Mehlmenge oder daraus Cola trinken ...

So wie dieses Glas nicht nur rot oder blau ist, sind wir Menschen nicht einfach schwarz oder weiß. Es lohnt sich also, die farbenblinde Brille ab und an mal abzuziehen! Es müsste eine Facettenbrille geben, durch die wir die vielen Facetten des Lebens und der Menschen, die uns begegnen, besser erkennen können.

13. Facettenvielfalt

Als Physiotherapeutin konnte ich oft erfahren, dass jeder Mensch mehrere Facetten besitzt, die nicht auf den ersten Blick erkennbar sind.

Ich habe in meinem Leben Tausende von Patienten behandelt. Da waren alle vertreten: die Netten und Unkomplizierten, die Skeptiker, die Depressiven, die Negativen, die Lustigen, die Verrückten, die Feinen, die Groben, die mir Sympathischen und Unsympathischen, die Fleißigen, die Faulen, die Schwätzer, die Ruhigen und so fort. Jeder passte in eine Schublade. Doch bald erkannte ich, dass es so einfach gar nicht war.

Je mehr Kontakt ich zu einem Menschen hatte, sowohl körperlich während der Behandlung als auch verbal, desto mehr Facetten entdeckte ich an ihm. Der Witzemacher war im Grunde oft traurig, beim groben Handwerker erkannte ich eine weiche Seite und eine Person, die zu Beginn nett und sympathisch zu sein schien, fing mich langsam an zu nerven.

Obwohl es nie vorkam, dass ich einen Patienten abgeben musste, glaubte ich bei einer Frau, sie an meine Kollegin übergeben zu müssen. Ihr Auftreten war so kalt, dass ich sogar Mühe hatte, sie anzufassen. Ich gab nicht gleich auf und dachte mir: Vielleicht ist die Ursache ihrer speziellen Art die Angst vor allem Neuen im fremden Klinikalltag? Wer weiß! Auf jeden Fall besserte sich unser Verhältnis von Tag zu Tag und nach drei Wochen Zusammenarbeit umarmten wir uns herzlich zur Verabschiedung.

Wie oft ertappte ich mich beim vorschnellen Urteilen und wie schnell erkannte ich, dass ein Mensch gar nicht so war, wie ich ihn anfangs eingeschätzt hatte. Schon in meinem ersten Arbeitsjahr hatte ich einen missmutigen, negativen und obercoolen Typen behandelt, der mir zum Abschied, zu meinem großen Erstaunen, einen der schönsten Blumensträuße während meiner Laufbahn schenkte.

Als ich in der Rehabilitationsklinik Rheinfelden beschäftigt war, kam jedes Jahr eine Patientin zur Reha, die allen völlig verrückt erschien. Jeder kannte sie und niemand wollte sie behandeln. Ich verstand mich jedoch fabelhaft mit ihr, vielleicht konnte ich mit ihr mein eigenes Verrücktsein ausleben.

Nicht selten kam es vor, dass mir meine Kollegen von Patienten erzählten, die sehr schwierig waren, und ich fragte mich, wie sie diese ertrugen. Prompt passierte es mir, dass meine Kollegin in den Urlaub fuhr und mir eine dieser Patienten, Frau A., überließ. Frau A. war in ihrer Grundhaltung sehr negativ, sie wollte an nichts und niemandem ein gutes Haar lassen. Nachdem ich mir ihre Meckerei eine Weile angehört hatte, begann ich, über ein von ihr beschriebenes Ereignis zu scherzen. Frau A. stieg darauf ein und lachte mit mir! Ich hatte ihre humorvolle Seite entdeckt. Immer öfter konnten wir über etwas, jemanden oder auch über uns selbst lachen. Humor birgt ein unglaubliches Potenzial in sich.

Ich war sehr beeindruckt von der Tatsache, dass ich gar keine Mühe im Umgang mit ihr hatte: Entweder stellte ich mich unbewusst auf die vermeintlich schwierige Patientin ein, oder meine Art löste in ihr ein anderes Verhalten aus. Ich bin sehr an den Menschen und ihrer Geschichte interessiert, das öffnet Türen, zuweilen auch schwere Eichentüren! Frau A. erzählte mir auch sehr vertrauliche Dinge, unter anderem, dass sie sich unsterblich in einen anderen Mann verliebt hatte, als ihre Kinder noch klein waren. Sie entschied sich zwar für ihre Familie, trauerte ihrer verlorenen Liebe jedoch ihr Leben lang nach. Das ist wirklich ein hartes Schicksal, vielleicht rührt daher ihr frustriertes Verhalten ...

Wenn wir miteinander ins Gespräch kommen und zuhören, öffnen sich Welten. Dies schafft Verständnis für so manche Verhaltensweisen unserer Mitmenschen, die uns fremd erscheinen.

Zuhören und verstehen, sprechen und verstanden werden auf diese Weise entstehen nicht nur gute Gespräche mit schwierigen Patienten, sondern es ist auch die Basis einer jeden guten Freundschaft.

14. Eine Hommage an meine Freunde!

... Wenn die Fürstin früher vom Pferd fiel oder sich im Wald verirrte, waren es ihre Freunde, die ihr zur Hand gingen. Wenn sie nicht mehr weiter wusste, rief sie einen Kobold des Waldes und ließ nach ihren Freunden schicken. Diese eilten ihr sofort zu Hilfe, hoben sie auf, verbanden ihre Wunden und wiesen ihr den Weg oder brachten sie in Sicherheit ...

Meine Familie war immer für mich da. Zudem hatte ich sowohl als Kind wie auch als Jugendliche und Erwachsene stets das Glück, sehr gute Freunde an meiner Seite zu haben. Welch großer Schatz!

Wir hatten immer viel Spaß miteinander, haben zusammen gesungen, musiziert, getanzt, gejoggt, Theater gespielt, geschrieben, gedichtet und vor allem viel gelacht! Für unzählige Feste haben wir Programme gemacht, dramatische Urlaubsdokumentationen geschrieben, Hochzeitszeitungen zusammengestellt, »Radio Elba« kreiert (zur frühen Morgenstunde begannen wir mit unserem Geplapper im Zelt, das sich für andere wie Radio anhören musste), Städte und Länder bereist, stundenlang für Prüfungen gelernt, lange Telefonate geführt und, und, und ...

Spaß und Ernst sind stets nah beieinander.

Wie viele tiefschürfende Gespräche haben wir geführt, immer auf der Suche nach der Wahrheit des Lebens, um wichtigen Dingen auf den Grund zu gehen? Wie viele Fragen haben wir gestellt über die Welt, über uns selbst, das Leben und unsere Zukunft? Wir wollten herausfinden, was richtig und was falsch ist, sind dabei aber immer wieder an Grenzen gestoßen, weil es »Richtig« und »Falsch« gar nicht gibt ...

Wie oft habt ihr, meine Freunde, einen Psychologen ersetzt? Philosophieren, über Gott und die Welt reden und den Glauben hinterfragen, das kann und konnte ich schon immer mit euch allen!!!

Ein Hoch auf meine Freunde, ihr seid ... **Balsam für meine Seele.**

15. 50 Jahre ...

In Nottwil besuchten mich wöchentlich im Wechsel meine zwei Freundinnen aus dem Schwarzwald. Für mich ein unschätzbares Geschenk! Annette hat eine eigene Physiotherapie-Praxis. Sie bot mir an, meine nächste Ausstellung dort stattfinden zu lassen. Meine Kräfte ließen noch sehr zu wünschen übrig und ich dachte: »Träum nur weiter ...«

Ungefähr drei Monate nach der Reha hatte sich vor allem konditionsmäßig einiges verändert und der Gedanke, sie doch beim Wort zu nehmen, nahm Gestalt an. Als wir miteinander telefonierten, ließ ich während des Anrufs durchblicken, dass ich für die Ausstellung bereit war. Annette ist sehr busy, trotzdem schaufelte sie für mich in ihrem vollen Terminkalender ein Wochenende frei. Die Ausstellung setzten wir für Anfang Mai fest. Ich sagte zu und hätte fast vergessen, dass in diese Zeit auch mein 50. Geburtstag fällt. Unkompliziert, wie sie ist, bot sie mir prompt an, **die Vernissage** mit dem Geburtstagsfest zu verbinden.

... Da die Freunde der Fürstin in der schweren Zeit immer für sie da waren, entschied sie sich dafür, ihren Geburtstag mit allen in einem herrlich gelegenen Lustschlösschen ihrer Freundin, einer Gräfin, zu feiern. Alles wurde für sie vorbereitet. Zwei Tage lang feierte sie mit ihren Freunden und dem Gefolge ein unvergessliches wallendes Fest

mit Streichorchester, Saxofonkonzerten und allerlei Köstlichkeiten!
Bei dieser Gelegenheit konnte sie den geladenen Gästen auch ihre
gewebten Kunstwerke präsentieren, die begeistert bewundert wur-
den …

Da Annette in einem wunderschönen Schwarzwaldhaus
wohnt, dessen Untergeschoss zu einer Pension umgebaut
wurde, nahm ich ihren Vorschlag mit Freuden an.

Diese Aktion war jedoch mit einigen bürokratischen Zoll-
schwierigkeiten (»ein Antrag auf das Antragsformular« lässt
grüßen), unzähligen Telefonaten und sonstigen Rennereien
verbunden, die notwendig waren, um den Gewerbeamtsre-
geln gerecht zu werden. Hätte ich das gewusst, wäre es nur
beim Geburtstagsfest geblieben. Aber so groß die Schwierigkeiten auch waren, es hat sich gelohnt.

Die Vernissage wurde richtig professionell vorbereitet, mit
einem traumhaften Buffet, einer sehr schönen Eröffnungs-
rede und einer musikalischen Saxofon-Darbietung. Alles
Eigenkreationen meiner Freunde! Ich freute mich über eine
hohe Besucherzahl, das Interesse an meinen Bildern und vor
allem über das Wiedersehen mit alten Bekannten nach 20 bis
30 Jahren. Die Vernissage stellte damit das erste Highlight des
Wochenendes dar.

Am Tag danach fand das 50er-Fest mit meiner Familie und
meinen besten Freunden statt, die von allen Richtungen an-
gereist waren, um mit mir zu feiern.

An diesem Wochenende im Schwarzwald ist mir ganz besonders bewusst geworden, wie wichtig mir meine Freunde
sind.

In meinen verschiedenen Lebens- und Arbeitsabschnitten sind mir immer zwei, drei Menschen besonders ans Herz gewachsen. Freundschaft ist wie eine Pflanze, deren Leben mir sehr am Herzen liegt. Deswegen pflege ich regelmäßigen Kontakt mit den mir wichtigen Personen.

Auch Bekannte, die vergessen zu sein scheinen, rufe ich alle fünf bis zehn Jahre an, um zu hören, wie es ihnen geht. Zu Beginn sind sie überrascht, aber dann doch sehr erfreut, nach langer Zeit wieder einmal ein Lebenszeichen von mir zu hören. Es ist nie zu spät, auch nach 20 Jahren nicht. Es ist auch nie zu spät, sich nach so langer Zeit für etwas Vergangenes, falls nötig, zu entschuldigen oder auch zu bedanken.

... Die Fürstin konnte wieder reiten und weben, aber gehen konnte sie nicht mehr weit. Die Festivitäten lagen schon ein Weilchen zurück, und da sie in einem abgelegenen Schlösschen wohnte, sah sie wenig Leute und hatte sehr viel Zeit, sich über sich und das Leben Gedanken zu machen. Zu Beginn fiel es ihr schwer, so alleine zu sein. Eines Nachts hatte sie einen sonderbaren Traum. Ein Männchen mit einem riesengroßen runden Erbsenkopf sprach zu ihr: »Fürstin, Ihr seid nicht allein, geht hinaus in die wunderschöne Natur, sie gibt Euch enorme Kraft! Nutzt auch die Zeit, weise Bücher zu lesen, hängt Euren Gedanken nach und lasst Euch inspirieren.« Sie verstand diese Botschaft nicht und fragte sich, was das Männchen ihr wohl sagen wollte. Trotzdem befolgte sie dessen Rat und ging viel ins Freie, las Bücher und machte sich Gedanken über das Leben ...

16. Ja, danke!

Dankbarkeit ist ein starkes Gefühl. Ich habe ein großes Bedürfnis danach, dem Himmel zu danken: für alles Schöne in meinem Leben, für das wertvolle Geschenk, mich wieder bewegen zu können, für meinen Mann, meine Freunde, meine Familie, für gute Gespräche, für unsere wunderschöne Erde und für unendlich vieles mehr.

»Danke« ist ein kleines Wort und hat doch so große Wirkung, wenn man es ausspricht oder wenn man es von anderen hört. Von Herzen zu danken gibt mir ein unglaubliches Glücksgefühl.

Danken setzt voraus, dass man etwas bekommen hat.

Warum ist es so schwer, etwas von anderen anzunehmen? Wenn ich ein passendes Geschenk für jemanden finde, kann ich es kaum erwarten, sein erfreutes Gesicht zu sehen. Ist Geben nicht ebenso schön wie Nehmen? Also, warum den anderen nicht auch die Möglichkeit geben, uns etwas zu schenken?

Wenn ich weitere Strecken mit meinem Mann unterwegs bin und uns jemand bei Hindernissen helfen will, antwortet Gianni, der den Rollstuhl schiebt, kategorisch mit »NEIN, danke« und ich ebenso kategorisch mit »JA, bitte«. Folgen die Leute meinem »Ja«, beobachte ich in ihren Gesichtern ein zufriedenes Lächeln. Sie freuen sich, uns zur Hand gehen zu können, manchmal kommt auch ein nettes Gespräch zustande.

Meine Freundinnen Annette und Sonni aus dem Schwarzwald besuchten mich, trotz der großen Entfernung, regelmäßig in Nottwil. Anfangs konnte ich dieses riesige Geschenk schwer annehmen, bis die beiden mir klarmachten, dass es für sie ein wahres Bedürfnis sei und ihnen genauso viel gäbe wie mir. Auch meine Freundin Susanne kam fast jede Woche von Zug hergefahren, um mich zu besuchen und mir beizustehen. Sie war es, die mir half, meine Energien auf meine Heilung zu konzentrieren, anstatt mit anderen Patienten mitzuleiden, denen es noch schlechter ging als mir, da ich ihnen ja eh nicht helfen konnte. Andere Freunde kamen weniger häufig, aber nach dem ersten Ansturm, bei dem man Besuche eindämmen musste, freute ich mich über jeden Besuch. Euch allen ein großes Dankeschön!

Wir Menschen sind »Rudeltiere« und dafür gemacht, füreinander da zu sein. In der heutigen Zeit, die immer mehr von Egoismus und Frustration geprägt ist, ist es schön zu sehen, dass in einer Notsituation doch jeder gerne einem anderen hilft.

In all den Jahren seit meinem Unfall ist es noch nie vorgekommen, dass eine Person sich gesträubt hätte, mir zu helfen. Generationen von Philosophen haben sich den Kopf darüber zerbrochen, ob der Mensch von Natur aus gut oder schlecht sei. Ich habe die Erfahrung gemacht, dass sich kein Mensch verweigern wird, einem Rollstuhlfahrer über ein Hindernis zu helfen, soweit es ihm körperlich möglich ist. Angesichts dessen will ich daran glauben: JA, grundsätzlich sind wir »gut«.

Und ich möchte weitergehen und sagen: Wenn es nicht so

viel Angst und Misstrauen gäbe, die Angst, zu kurz zu kommen, sich verteidigen zu müssen, weniger wert zu sein, das Gesicht zu verlieren, ausgenutzt zu werden, gäbe es mehr Frieden und Hilfsbereitschaft auf der Welt.

17. Angst krallt und klammert, Liebe lässt los

Angst ist eine häufige Begleiterin im Leben, die uns bewusst oder unbewusst viel zu oft im Nacken sitzt. Wir Menschen leiden unter verschiedenen Ängsten: Angst vor dem Tod, Existenzangst, Krankheits- und Verletzungsangst, Flug-, Höhen-, Gewitter-, Dunkel- oder Kriegsangst. Auch soziale Ängste wie Verlustangst, Scham, Verlegen- und Schüchternheit, Angst vor dem anderen Geschlecht, der Sexualität, Angst vor Publikum und dem Vorgesetzten machen uns zu schaffen. Leistungsängste wie Bewertungs-, Prüfungs-, Schul- und Berufsangst sind in der heutigen Zeit auch sehr ausgeprägt.

Wenn ich mir überlege, wie oft ich Angst habe oder angstgeleitet funktioniere, finde ich dies sehr beeindruckend.

Natürlich gibt es zahlreiche Fachbücher zum Thema »Angst«. Aber hier möchte ich mein eigenes kleines »Angsteinmaleins«, meine wichtigsten Erfahrungen mit Ängsten niederschreiben. Könnte sein, dass es außer mir noch jemandem hilft.

Meine Ängste beginnen schon morgens früh:

»... Hoffentlich komme ich nicht zu spät zur Arbeit! Wenn ich zu viel trinke, muss ich während der Fahrt auf die Toilette ... Hoffentlich lande ich nicht im Stau ... Ich finde keinen Parkplatz, soll ich mein Auto hier stehen lassen oder bekomme ich einen Strafzettel? Habe ich alle Patienten vom Vortag aufgeschrieben? Falls ich jemanden vergesse, wird keine Rechnung geschrieben und ich bekomme wieder eine aufs Dach ...«

Diese kleinen Alltagsängste kennen sicherlich viele Menschen. Wesentlich belastender sind Themen wie Beziehungsangst, Angst vor Prüfungen, vor der Konfrontation mit anderen Menschen oder die Angst vor den Konsequenzen eines großen Fehlers.

Ich glaube, hinter vielen Ängsten steckt die Furcht vor Liebesentzug. Wir fürchten uns davor, von anderen nicht mehr geliebt oder angenommen zu werden. Und noch schlimmer: uns nicht mehr selbst lieben zu können.

Angst und Liebe sind sehr starke, grundlegende Emotionen. Neale Donald Walsch schreibt in seinem Buch »Gespräche mit Gott«:

»Alle menschlichen Handlungen gründen sich auf tiefster Ebene auf zwei Emotionen: auf **Angst oder auf Liebe.** In Wahrheit gibt es nur diese zwei Emotionen, nur zwei Worte in der Sprache der Seele.«[3]

»Alle Handlungen menschlicher Wesen gründen sich auf Liebe oder Angst, nicht nur jene, die mit Beziehungen zu tun haben. Entscheidungen, die das Geschäft betreffen, das Wirtschaftsleben, die Politik, die Religion, die Erziehung der jungen Leute, die sozialen Angelegenheiten der Nationen, die ökonomischen Ziele der Gesellschaft, Beschlüsse hinsichtlich Krieg, Frieden, Angriff, Verteidigung, Aggression, Unterwerfung; Entschlüsse, haben zu wollen oder wegzugeben, zu behalten oder zu teilen, zu vereinen oder zu trennen, jede einzelne freie Wahl, die ihr jemals trefft, entsteht aus einem der beiden möglichen Gedanken: aus einem Gedanken der Liebe oder einem Gedanken der Angst.

Angst ist die Energie, die zusammenzieht, versperrt, einschränkt, wegrennt, sich versteckt, hortet, Schaden zufügt. Liebe ist die Energie, die sich ausdehnt, sich öffnet, aussendet, bleibt, enthüllt, teilt, heilt. Angst umhüllt unseren Körper mit Kleidern, Liebe gestattet uns, nackt dazustehen. Angst krallt und klammert sich an alles, was wir haben, Liebe gibt alles fort, was wir haben. Angst hält eng an sich, Liebe hält wert und lieb. Angst reißt an sich, Liebe lässt los. Angst nagt und wurmt, Liebe besänftigt ... Jeder Gedanke, jedes Wort, jede Tat eines Menschen gründet sich auf eine der beiden Emotionen. Darin habt ihr keine Wahl ... Aber ihr habt freie Wahl, welche der beiden ihr euch aussuchen wollt.«[4]

Paradoxe Intention

Meine Freundin Christine machte mich auf die Logotherapie aufmerksam, die sie erlernt hat und erfolgreich anwendet. Diese Therapieform geht zurück auf den Neurologen und Psychiater Viktor Frankl, einen der bekanntesten Psychologen neben Freud und C. G. Jung.

Viktor Frankl erfand eine wunderbare psychotherapeutische Methode: die paradoxe Intention. Im Folgenden zitiere ich aus einem privaten Unterrichtsmanuskript meiner Freundin Christine:

»Die Methode der paradoxen Intention:

Frankl war im Grunde ein humorvoller Mensch, und er hatte viel mit Menschen zu tun, die durch ihre verschiedenen Ängste oftmals ganz blockiert und gelähmt waren. Dabei entwickelte sich aus einer konkreten Angst immer mehr eine sogenannte *Angst vor der Angst*, die zu einem immer stärkeren Vermeidungsverhalten führte und den Menschen in seiner Lebensführung erheblich einschränkte. Wenn also ein Mensch Angst davor hatte, mit einem Fahrstuhl zu fahren, weil er befürchtete, darin ohnmächtig zu werden, so empfahl Frankl eine eigentümliche Art der Konfrontation und er empfahl dem Klienten, in den Aufzug zu steigen, mit dem festen Vorsatz, spätestens im dritten Stock in Ohnmacht zu fallen und einen enormen Menschenauflauf hervorzurufen. Wer unter Prüfungsangst und Panikattacken litt, sollte sich vornehmen, mit Pauken und Trompeten durch die Prüfung zu fallen. Das Ergebnis: Die Patienten fuhren problemlos bis in den sechsten Stock und sie meisterten ihre Prüfung.

(...) Patienten, die chronische Schlafstörungen hatten und die schon mit Angst ins Bett gingen, empfahl er, sie sollten versuchen, bewusst die ganze Nacht wach zu bleiben. Auch das funktionierte sehr gut ...«

Aufklärung hilft

Leidet ein Patient an einer Krankheit, deren Ursache von den Ärzten nicht diagnostiziert werden kann, beschleicht ihn eine große, undefinierbare Angst. Sobald jedoch die Diagnose mit Therapie- und Lösungsvorschlägen steht, schwindet die Angst vor dem Ungewissen immer mehr.

Die schlimmste Zeit nach dem Unfall war für mich nicht die Periode des Gelähmtseins, da meine Hoffnung, irgendwann wieder gehen zu können, immer sehr groß war. Viel schlimmer waren die zwei Monate, in denen mir die Urologen indirekt empfahlen, mich zu Hause von einer anderen Person unter sterilen Verhältnissen auf dem Rücken liegend Tag und Nacht katheterisieren zu lassen. Sie rieten mir eher von einem suprapubischen Katheter ab (ein Schlauch, der direkt durch die Bauchdecke oberhalb des Schambeins in die Blase eingeführt wird und dessen Handhabung ich eigenständig durchführen kann), da er ihrer Meinung nach viele Probleme mit sich bringen würde.

Meine Angst steigerte sich täglich mehr, ich hatte starke, unkontrollierte Angstzustände mit Hyperventilation und Atemnot. Diese schrecklichen Angstzustände klangen sofort ab, als ich mich, trotz der Bedenken, zu einem suprapubischen Katheter entschlossen hatte.

Mein Leidensweg sollte aber noch circa ein Jahr dauern. Jede schmerzliche Blasenirritation, die verschiedenste Ursachen haben kann, ließ mich im Ungewissen: Vielleicht hatten die Ärzte recht? Was passiert, wenn ich diesen Fremdkörper wirklich nicht vertrage? Erlösung brachte mir mein Urologe Dr. C., der mich schon bei der ersten Sitzung beruhigte. Er versicherte mir, dass von all seinen Patienten bisher sehr wenige den Katheter nicht vertrugen, alle anderen lebten schon seit vielen Jahren ohne Probleme mit der künstlichen Röhre im Bauch. Falls alle Stricke reißen würden, könnte man im

Extremfall die Blase umgehen und einen direkten Ausgang legen.

Da die Blase ein sehr sensibles Organ ist und jedes seelische Ungleichgewicht sich direkt auf sie auswirkt, war bei mir offensichtlich ein Teufelskreis von Angst und Blasenirritation entstanden. Durch dieses wichtige Aufklärungsgespräch mit Dr. C. konnte der Teufelskreis unterbrochen werden.

Seither habe ich nur noch relativ selten Blasenirritationen und wenn, dann mache ich kein Problem mehr daraus.

Hoffnung gegen Angst

An dieser Stelle möchte ich allen Menschen Mut machen, die eine Querschnittlähmung haben. Lassen Sie sich nicht durch voreilige und oft falsche negative Prognosen die Hoffnung nehmen. Behalten Sie immer den Glauben an Besserung!

Menschen mit inkompletter Lähmung möchte ich die Angst vor der Vorstellung nehmen, dass zwei Jahre nach dem Unfallgeschehen keine Besserung mehr erfolgen könne. Ja, die Fortschritte sind nicht mehr so eklatant wie zu Beginn. Aber dennoch gibt es einige Fälle, bei denen sich auch nach fünf oder gar zehn Jahren noch fehlende Funktionen wieder einstellten. Auch bei mir gibt es noch kleine Verbesserungen.

Auch Sucht hat mit Angst zu tun

Ich bin überzeugt davon, dass Sucht sich breitmacht, wo es an Liebe mangelt. Wenn es, wie Neale Donald Walsch behauptet, nur zwei Grundemotionen gibt, Liebe oder Angst, dann gehört Sucht zur Angst.

Ich stelle eine dreiste Behauptung auf und sage mal, dass in unserer Konsumgesellschaft mindestens 95 % der Menschen süchtig sind. Ich meine natürlich nicht nur die gesellschaftlich geächteten Süchte wie starke Alkohol-, Drogen- und Spielsucht oder Kettenrauchen. Ebenso zähle ich die »harmlosen« Süchte wie Kaffeetrinken, Essen, süß oder pikant, das rituelle Glas Wein zum Abendessen etc. hinzu. Auch Arbeitssucht oder Sportsucht, die in unserer Leistungsgesellschaft gerne gesehen werden, sind weit verbreitet. (Kleine Anmerkung: Ich muss gerade auch eine Kaffeepause einlegen ...)

Passion gegen Sucht

Raffaele Morelli, ein bekannter italienischer Schriftsteller, hat ein interessantes Buch geschrieben: »Dimagrire senza dieta« (wörtlich übersetzt: Abnehmen ohne Diät).[6] Einer seiner Gedanken hat mich ganz besonders angesprochen: Morelli fordert den Leser dazu auf, die eigene Passion zu entdecken. Passion hat etwas mit Leidenschaft und Begeisterung zu tun. So etwas haben wir in der Kindheit erlebt, als wir in unsere Spiele vertieft waren. Jede Unterbrechung, auch der

Essensruf der Mutter, kam uns in dem Moment sehr ungelegen und nur mit Unmut folgten wir ihrer Aufforderung.

Morelli ist davon überzeugt, dass man sich aus den Krallen der Esssucht befreien kann, wenn man seine eigene Passion entdeckt und lebt. Sicher lässt sich diese Erkenntnis auch auf andere Süchte übertragen.

Wir sollten uns hin und wieder fragen: Was begeistert uns? Und warum sind wir so weit weg von unserer Passion? Vielleicht tun wir Dinge, die uns keinen Spaß machen, ob im Berufsleben oder privat. Wir überlasten uns, hören nicht auf unseren eigenen Rhythmus. Viele haben die Erwartung an sich, immer einwandfrei zu funktionieren. Sie nehmen sich vielleicht nicht genug Zeit für das, was sie erfüllt, und sind unzufrieden. Es ist ein Loch entstanden, das sie mit einer Sucht zu füllen versuchen.

Nur wenn man sich seiner Sucht und seiner Unzufriedenheit bewusst wird, kann man beidem entgegentreten. Zwei wichtige Fragen hierbei sind: Wie stark schade ich mir selbst oder meinem Umfeld durch mein Suchtverhalten? Und an welche Person (oder Literatur etc.) kann ich mich wenden, um mir selbst zu helfen?

Vielleicht genügt es auch, sich nur diese eine Frage zu stellen: Welche Passion will ich leben?

Ich bin überzeugt davon: Passion oder Liebe, vor allem Liebe zu sich selbst, ist ein Weg, um der Sucht zu entkommen.

18. Schwächen annehmen und in Stärken verwandeln

Je mehr ich lerne, mich selbst zu nehmen, wie ich bin, desto weniger Angst habe ich, von anderen nicht akzeptiert zu werden. Ich habe lange gebraucht, um zu verstehen, dass ich meine Schwächen nicht nur erkennen sollte, sondern mich auch ihretwegen nicht verdammen darf. Wenn meine Ansprüche an mich zu groß sind, gibt es nur die Möglichkeit, diese zurückzuschrauben. Tue ich dies nicht, werde ich meinen Zielen ewig erfolglos und frustriert hinterhereilen.

Manchmal erwachsen aus Schwächen auch Stärken. Wer sich als zu langsam empfindet, arbeitet vielleicht genauer und zuverlässiger als manch anderer. Wer selbst Mühe hatte beim Lernen in der Schule, geht sicher verständnisvoller mit seinen Kindern um und unterstützt sie, anstatt Druck auszuüben.

Menschen mit unterschiedlichen Stärken und Schwächen können sich gegenseitig gut ergänzen. In der Ausbildung fragte mich eine Klassenkollegin, ob ich Lust hätte, mit ihr Anatomie zu lernen. Es stellte sich bald heraus, dass wir nicht nur beim Anatomielernen ein super Team waren, sondern auch bei allen Examensvorbereitungen. Meine Schwäche, zu sehr ins Detail zu gehen und dabei völlig den Überblick zu verlieren, machte sie wett mit ihrer Fähigkeit, immer wieder am roten Leitfaden anzuknüpfen. Manchmal jedoch fehlten ihr gewisse Details, die ich ihr wiederum gerne erklärte. Zusammen haben wir es gut geschafft.

Eine Schwäche kann in anderen Kontexten auch zur Stärke werden. Ich bin zum Beispiel ein ganz schönes Mimöschen, vertrage keine Schmerzen und bin extrem kälteempfindlich. Wenn ich nachts auf der Seite liege, decke ich mein oberes Ohr mit den Haaren zu, sonst ist mir kalt. Wenn ein Arm oder Bein nicht ganz zugedeckt ist, muss ich niesen. Wenn ein anderer mir die Haare kämmt, muss ich das Schreien unterdrücken. Der Föhn ist schnell zu heiß und ich spüre jeden Faden im Strumpf. Wie eine Prinzessin auf der Erbse eben. Diese Überempfindlichkeit kam wiederum meinen Patienten zugute, ich hatte viel Verständnis für ihre Befindlichkeiten.

Wenn man mit seinen eigenen Schwächen konfrontiert wird, hilft es oft, mit guten Freundinnen oder Freunden zu sprechen und dabei zu erfahren, dass man nicht alleine ist mit seinen Defiziten und Zweifeln. Es wirkt befreiend, seine Schwächen nicht zu verdrängen, sondern sie auszusprechen.

Meine körperliche Schwäche seit dem Unfall verurteilt mich häufig dazu, auf Dienste von anderen warten zu müssen. Und als Person mit wenig Geduld kann ich mich in derselben üben. Das hat auch was. Da gibt es für mich noch einiges zu tun.

Letztendlich ist mein jetziger Zustand das beste Beispiel dafür, dass es möglich ist, eine Schwäche in Stärke zu verwandeln. Nur in der Akzeptanz meiner jetzigen Schwäche (Muskelschwäche) kann ich Stärke entwickeln. Wenn ich täglich mit dieser Schwäche hadern würde, wäre ich negativ, antriebslos und depressiv. Da ich aber überglücklich bin, wieder selbst mit dem Auto fahren zu können, nehme ich meine extreme Langsamkeit an den Stöcken gerne in Kauf.

19. Das hast du gut gemacht!

Wenn wir unsere eigenen Schwächen annehmen, werden wir mehr Zufriedenheit spüren. Ein weiterer Mosaikstein auf dem Weg zu einem zufriedeneren Dasein ist Eigenliebe.

Sich selbst mal auf die Schultern zu klopfen, sowohl im übertragenen Sinn als auch real, tut einfach gut. Wie schön ist es, zu hören: »Das hast du gut gemacht!«

Ich muss nicht immer warten, bis es andere zu mir sagen, ich gestehe es mir auch zu, mich selbst zu loben. Es lohnt sich sehr, nicht ständig über die eigenen Schwächen nachzugrübeln, sondern sich Zeit zu nehmen, seine Stärken anzuschauen. Diese werden zu oft als Selbstverständlichkeit abgetan. Dabei sind sie unser größter Schatz. Wenn wir unsere eigenen Stärken nicht schätzen, ist das so, als würden wir kostbaren Schmuck in der Schmuckschachtel behalten. Dort bleibt er im Dunkeln und kommt nicht zum Strahlen. Manchmal sind unsere Stärken wie verschüttet. Aber es lohnt sich, eine Stunde Zeit dafür aufzuwenden, um auf die Suche zu gehen und die eigenen Stärken aufzuschreiben.

Ein guter Tipp zum Thema »Selbstliebe« ist ein Hörbuch von Robert Betz: »Mich selbst lieben lernen. Selbstwertschätzung und Selbstliebe als Grundlage glücklichen Lebens« (2006).

Liebe, Eigenliebe und Liebe zum Partner – ein schöner Traum, der wahr werden kann!

…. So manches Mal schwindelte ihr der Kopf vom vielen Nachdenken. Dann ritt sie mit ihrem Pferd aus und tankte in der Natur neue Kräfte. Den Zauberwald vermied sie dabei tunlichst, aber sie hatte eine wunderschöne weiche Wiese entdeckt, auf der sie stundenlang liegen konnte. Während sie sich von der Sonne bescheinen ließ, kamen ihr viele Erinnerungen an schöne alte Zeiten, in denen sie ewig schwelgen konnte …

20. Reise zu mir selbst

Mit 16 Jahren besuchte ich zum ersten Mal San Masseo, einen wunderschönen Ort unterhalb von Assisi. Der Franziskanerpater Bernardino Greco[7] und seine Helfer haben dort ein Projekt aufgebaut, das sich zu einem spirituellen Treffpunkt für Menschen aus der ganzen Welt entwickelt hatte. In San Masseo war es möglich, in Kontakt mit der Natur zu treten und in Einfachheit und Gemeinschaft auf den Spuren von Franziskus zu leben. Man konnte dort entweder nur seine Ferien verbringen oder auch für längere Zeit am Ort bleiben.

Ich war mehrmals in San Masseo und jedes Mal habe ich tiefe Eindrücke mitgenommen: Das Zusammenleben war gemeinschaftlich organisiert und jeder konnte sich an den Alltagstätigkeiten beteiligen. Morgens nach dem Frühstück wurden die Arbeiten verteilt und jeder sollte für sich entscheiden, ob er beim Kochen, Putzen, beim Brotbacken oder bei der Gartenarbeit helfen wollte. Da Bernardino Greco sehr musikalisch ist und viele ihre Instrumente mitgebracht hatten, wurde oft gesungen und musiziert. Es waren immer genügend Leute mit guten Stimmen anwesend, um einen Chor zusammenzustellen, und das Singen machte richtig Spaß.

An einem Tag in der Woche war Fastentag, morgens gab es Tee und tagsüber ebenfalls zu trinken, aber nichts zu essen. An einem anderen war Wüstentag. Dieser Tag sollte dazu dienen, sich mit sich selbst zu beschäftigen und möglichst wenig miteinander zu sprechen. Man konnte alleine spazieren gehen, irgendwo sitzen, die Natur bewusst wahrnehmen und lernen, auf die eigene Stimme zu hören.

In San Masseo habe ich mehrmals meine Ferien verbracht und ich nahm jedes Mal allerlei wertvolle Erfahrungen mit nach Hause. Ich erinnere mich gut an den zauberhaften Ort, der damals nur aus wenigen wunderschönen und einfach restaurierten Steinhäusern im umbrischen Stil bestand. Es gab eine heimelige romanische Kapelle, die zum Meditieren einlud. Drumherum Natur pur und oberhalb die bekannte Stadt Assisi.

Pater Bernardino bot alle paar Wochen an, noch bei Dunkelheit in den frühen Morgenstunden auf einen nahegelegenen Berg zu wandern, um von dort den Sonnenaufgang bestaunen zu können. Das war ein ganz besonderes Erlebnis, sehr mühsam zwar, doch letztendlich hatte es sich gelohnt.

Im Sommer konnte man allerlei Gemüse und Beeren im Garten ernten und im Herbst war Weinlese, bei der alle mithalfen. Die Leute kamen von überall her, doch die meisten waren Deutsche und Italiener.

Für mich war es immer spannend, die unterschiedlichsten Menschen und ihre Lebensweise kennenzulernen, und nach meinem ersten Aufenthalt in San Masseo hatte ich mich gleich dazu entschieden, Italienisch zu lernen. Diese Sprache gefiel mir schon immer. Als Kind wurde ich oft für eine Italienerin gehalten, denn ich vergnügte mich damit, so zu tun, als spräche ich Italienisch, worauf tatsächlich so mancher reingefallen ist. Später hatte ich Latein in der Schule, deswegen fiel es mir nicht schwer, meine geliebte Sprache zu lernen.

Als ich noch kaum die Grammatik studiert hatte und blutiger Anfänger war, lernte ich in San Masseo Nicola kennen, einen sympathischen Italiener, der Deutsch lernen wollte und genauso wenig Ahnung von unserer Sprache hatte wie ich von Italienisch. Wir konnten uns gegenseitig ohne Hemmungen wunderbar unterstützen. Der Anfang war gemacht und so wagte ich immer öfter, irgendjemanden auf Italienisch anzusprechen ...

Was mir aber am meisten gut tat, war nicht das Reden, sondern tatsächlich die Stille. Ich hatte viel Zeit, mich mit der Natur und mit mir selbst zu beschäftigen, das zu verarbeiten, was mir in meinem noch jungen Leben so passiert war, alles einzuordnen und mich zu fragen, welchen Weg ich im Leben gehen möchte. Ich wollte herausfinden, was mir wichtig ist, an was ich glauben kann, wie meine Zukunft aussehen soll. Und ich dachte viel nach über die Reden, die ich von Bernardino gehört hatte – er ist ein sehr charismatischer Mann. Kurz: Ich hatte Zeit, in mich hineinzuhören und ruhiger, gelassener zu werden. Ja, das habe ich jedes Mal aus San Masseo mitgebracht: mehr Gelassenheit.

Nachdem Pater Bernardino San Masseo verlassen hatte, begann er ein anderes spirituelles Zentrum aufzubauen, in dem er heute noch aktiv tätig ist: Es heißt »La Romita« und befindet sich auf dem Berg Monte di Torre Maggiore bei Cesi (Terni) in Umbrien. Dieses Zentrum habe ich nie gesehen, würde es aber gerne mal kennenlernen.

21. Reise nach Indonesien

Als ich nach San Masseo fuhr, reiste ich eher nach innen. Aber in andere Länder zu reisen war auch ein großes Hobby von mir. Es war so eine Art Fernweh nach anderen Ländern und Kulturen. Eine meiner eindrücklichsten Reisen war die nach Indonesien im Jahr 1990.

Thomas, ein Freund aus der Physioschule, erzählte mir damals, dass er nach Indonesien fliegen wolle. Ich war begeistert, denn dieses Land interessierte mich schon seit meiner Kindheit. Eine meiner Klostertanten (drei meiner Tanten sind Franziskanerinnen vom Kloster Reute in Bad Waldsee) war seit 1964 in Sumatra als Missionarin tätig.

Thomas und ich beschlossen also, gemeinsam zu verreisen. Er nahm seinen Freund Markus mit und ich meine Freundin Sonni. Das war ein kleines Abenteuer, weil zum Zeitpunkt unserer Abreise noch nicht alle miteinander bekannt waren. Aber es stellte sich schnell heraus, dass wir uns verstanden und ein gutes Team waren. Nur einmal gab es Streit über die Essmanieren »unserer Männer« ... Doch es zeigte sich, dass dies nur Sonnis und mein Problem war. Thomas und Markus schauten uns nur ungläubig an und fragten: »Gibt's sonst noch was, weswegen ihr so sauer seid?« Nein, das war das einzige Problem, ansonsten hatten wir großen Spaß und erlebten viel Interessantes miteinander.

Den ersten Kulturschock hatten wir, als wir in Medan ankamen und vom Villenviertel auf die Brücke schlenderten. Von dort aus fiel unser Blick direkt auf eine Art Slum am gegenüberliegenden Flussufer. Die Frauen wuschen ihre Wäsche im Fluss und die Häuser waren nur Wellblechbaracken.

Den ersten Schock überwunden, gewöhnten wir uns allmählich an die völlig andere Welt. Doch der Verkehr war nach wie vor chaotisch. Bei all den Autos, Fahrrädern und Rikschas war es eine Kunst, die Straße heil zu überqueren. Die Busfahrten waren ebenso abenteuerlich, denn die Busfahrer fuhren halsbrecherisch auf den oft nicht asphaltierten und kurvigen Straßen. Die Busse waren häufig mit Menschen, Hühnern und anderem Getier überladen. Männer wie Frauen saßen Betelnüsse kauend, mit roten Mündern und Zähnen bzw. Zahnlücken vor uns und wir beäugten uns gegenseitig neugierig.

Auf der Straße wurden wir stets mit einem Lächeln beschenkt und die Leute boten sich an, uns zu helfen oder uns zu begleiten. Es dauerte eine Weile, bis wir unser europäisches Misstrauen abgelegt und verstanden hatten, dass die Leute einfach freundlich sind und viel mehr Zeit haben oder sich diese nehmen als unsereins.

Einen tollen Eindruck hinterließen die kleinen, wunderschön verzierten Pensionshäuschen, die wir am Tobasee bewohnten. Dort mieteten wir zwei Einbaumboote, mit denen wir über den See schipperten. Das allerdings erwies sich als gar nicht einfach, da man sich ständig auf der Stelle drehte, wenn der Ruderrhythmus »aus dem Ruder gelaufen« war.

Wir sahen typische, majestätische Batakhäuser mit extrem aufwendigen Schnitzereien und eindrücklich geschwungenen Dächern. Uns wurde erzählt, dass die Batak ursprünglich ein kriegerisches Volk waren und Kopfjägerei mit rituellem Kannibalismus praktizierten … Und wir erfuhren, dass bei den Minangkabau im Westen Sumatras ein noch bis heute erhaltenes Matriarchat existiert. Die Männer haben dort nicht viel zu sagen. Häuser, Grund und Boden gehören den Frauen und werden an Frauen weitervererbt. Früher hatten die Frauen in jedem Bereich, Politik, Clan und Familie, alles zu entscheiden. Heute müssen sie sich jedoch immer mehr gegen den patriarchalen Einfluss wehren.

Da wir schon in der Nähe eines Dschungels wohnten, wollten wir auch eine Dschungeltour am Berg Singgalan machen. Davor mussten wir uns am Ort mit unseren Personalien eintragen lassen. Wir fragten uns, ob diese Tour wirklich so gefährlich war, wie wir gehört hatten. Während wir uns gegenseitig beruhigten, trabten wir los.

Stets auf der Lauer, ein besonderes Tier zu entdecken, schauten wir neugierig auf die Bäume. Wenigstens einen wilden Affen oder eine ungefährliche Schlange wollten wir zu Gesicht bekommen, aber nichts dergleichen. Außer einem alten Schuh am Wegesrand, der unsere Fantasie anregte und uns dazu veranlasste, über den Verbleib seines Trägers grausame Geschichten auszuspinnen, passierte zunächst nichts.

Der Aufstieg war steil und mühsam, an Wurzeln und Lianen musste man sich festhalten, um nicht zurückzugleiten. Währenddessen zog sich der Himmel immer mehr zu und der Gipfel des Berges schien noch in weiter Ferne zu sein. Nach einigem Für und Wider einigten wir uns auf die sofortige Umkehr. Keine zehn Minuten später begann es in Strömen zu regnen und die schmalen Wege wurden innert kürzester Zeit zu Sturzbächen. Da es kaum mehr möglich war, sich auf den glitschigen Pfaden zu halten, setzten wir uns auf den Hosenboden und rutschten so recht und schlecht den Berg hinunter. Inzwischen war uns nicht mehr wohl und wir wünschten das Ende unseres Abenteuers sehnlichst herbei.

Total verdreckt und kraftlos kamen wir glücklich unten an und kümmerten uns herzlich wenig um unser unansehnliches Outfit. Auch die verächtlichen Blicke der Einheimischen, mit denen wir in einen Bus steigen mussten, um unsere einfache Pension zu erreichen, ignorierten wir. Unsere etwas enttäuschende Dschungeltour ließen wir in unserem Reisetagebuch unter der abenteuerlichen Bezeichnung »Singgalan-Expeditionstour« schillernd wiederaufleben.

Wir fuhren weiter und besichtigten die Missionsstation, die meine Tante mit ihren Mitschwestern im Jahr 1964 aufgebaut hat. Das muss ein sehr abenteuerliches Unterfangen gewesen sein. Die Schiffsfahrt auf einem riesigen Ozeanfrachtdampfer, der unter anderem mit ganzen Eisenbahnwaggons, 220 Mercedes und Dynamit beladen war, dauerte damals über fünf Wochen. Die fünf Schwestern, unterwegs in eine ungewisse Zukunft, wurden von einem Kapuzinerpater begleitet, der schon längere Zeit auf Sumatra Missionsarbeit leistete. Dort angekommen, unterstützten sie holländische Schwestern beim Erlernen der Sprache und der kulturellen Gepflogenheiten.

Begonnen wurde mit dem Aufbau einer Poliklinik in Padangsidempuan, dazu kamen nach kurzer Zeit ein Kindergarten und ein Mädcheninternat mit Nähschule. Inzwischen gibt es 100 indonesische Schwestern, die an 17 verschiedenen Stützpunkten tätig sind. Die Station, die mit über 3.000 Kilometern am weitesten entfernt liegt, ist auf der Insel Flores.

Unglaublich, mit wie viel Herzblut die Schwestern damals dabei waren und auch heute noch dabei sind. Nach dem Besuch der Missionsstation flogen wir weiter nach Bali. Nie habe ich eine faszinierendere Insel gesehen. Jedes Haus hat ein eigenes, schön geschmücktes Altarhäuschen mit zahlreichen Räucherstäbchen und Blumenverzierungen. Auszug aus dem Internet/Wikipedia: Dazu hat noch jedes Haus und jedes Subak seine eigenen Tempel und an markanten Punkten (Straßenkreuzungen, Ortseinfahrten, Banyan-Bäume etc.) gibt es Kleintempel oder zumindest einen Opferstock, der im Extremfall ein einfacher Stein sein kann. Zum Jahresbeginn veranstalten die Balinesen eine ganze Woche lang Prozessionen, bei denen sie wundervoll leuchtende Seidensarongs tragen und auf den Köpfen bunte, mit Salzteig dekorierte Opfergaben balancieren. Die zahlreichen balinesischen Tempelanlagen sind eine Augenweide.

Sonni und Thomas unternahmen einmal gemeinsam eine Motorradtour und hatten dabei ein einzigartiges Erlebnis: In einem Tempel wurde ein Riesengong angeschlagen, dessen Klang durch Mark und Bein ging, und sie hatten das Gefühl, dass er durch ihre Leiber und Seelen gedrungen war. Sie waren beide wie verklärt und schwärmten ohne Ende von dieser starken Emotion, auch heute reden sie noch ganz fasziniert davon. Schade, das war Markus und mir leider entgangen.

Die balinesischen Tänze mit Gamelan-Orchester haben mich am meisten bewegt. Es ist einzigartig und wirklich sehenswert, wie graziös und ausdrucksstark die Frauen ihren Körper, die Hände und vor allem ihre Augen bewegen!

Die Strände mit ihren Sonnenuntergängen und das warme

Bad im Indischen Ozean, das wir sogar noch bei Dunkelheit nehmen konnten, genossen wir sehr!

In den Tropen wachsen viele unserer kleinen Zimmerpflanzen zu gigantischen Sträuchern und Bäumen heran. Die Reisfelder, die wilde Natur, das besonders exotische Obst und die Kräuter auf den bunten Märkten, das Klima, alles ist einfach herrlich und lebt in meiner Erinnerung wieder auf, wenn ich an diese wertvolle Reise denke.

… Von den Ausritten kam die Prinzessin voller Energie zurück und begann zu weben, sie erfand immer neue Motive und kreierte weitere wunderschöne Teppiche. Ab und zu bekam sie Besuch von Freunden aus ihrem Heimatland, denn sie war mit einem italienischen Prinzen verheiratet und wohnte weit, weit weg von ihrem Mutterland. Über die Besucher freute sie sich sehr, erkundete mit ihnen zusammen die wunderschöne Gegend, in der sie zu Hause war, und bereiste die kleinen umliegenden Dörfchen in den Bergen. Am Fuße der Berge lag ein traumhafter See. In seiner Mitte befanden sich mehrere Inseln, die sie mit einem Floß erkunden konnten …

22. Wunderschönes Tessin

Oft bekomme ich Besuch von meinen früheren Freundinnen, dann schwelgen wir in alten Erinnerungen, reden viel und machen schöne Ausflüge. Ich zeige ihnen gerne meine Lieblingsorte im Tessin.

Morcote ist eines der schönsten Dörfer des Kantons Tessin. Nicht ohne Grund hat es den Titel »Das schönste Dorf der Schweiz 2016« erhalten. Es ist herrlich, unter den Arkaden zu spazieren, auf den Balkönchen der Restaurants direkt über dem See zu sitzen, die alte Kirche Santa Maria del Sasso (400 Stufen hoch) zu besichtigen, den Parco Scherrer zu bewundern oder das Dorf von einem Schiff aus in seiner vollen Pracht anzusehen.

Das Tessiner Dorf Caslano besitzt ebenfalls bezaubernde Restaurants, die direkt am See gelegen sind, und einen Rundweg, auf dem man fast immer am See entlangspaziert. Nur ein Abschnitt führt durch ein lichtes Wäldchen, der ebenfalls einen traumhaften Blick auf den See bietet. Auf diesem Weg kommt man an dem kleinen Hotel »Fonte dei Fiori« vorbei, das eine wunderschöne Terrasse im Jugendstil mit Blick auf den Garten hat – ein idealer Ort für eine gemütliche Kaffeepause.

Der italienische Ort Ponte Tresa ist von Lugano aus mit dem Auto in circa 20 Minuten erreichbar. Dort findet ein typisch italienischer Markt statt, den ich oft und gerne besuche. Doch auch vor ihm macht die Globalisierung nicht halt. Mit Ausnahme von Gemüse- und anderen Lebensmittelständen gibt es inzwischen fast mehr chinesische und arabische Standbesitzer als italienische. Trotzdem ist der Markt sehr empfehlenswert.

Die Region, in der ich wohne, wird Malcantone genannt. Ich zitiere zunächst eine Beschreibung aus dem Internet: »Auf kleinstem Raum findet man Seeufer, Berge, Alpen, malerische Dörfer und noch vieles mehr. (...) Im letzten Jahrhundert wurde das Malcantone als ›das Kalifornien des Tessins‹ bezeichnet. Heute noch zeugen stillgelegte Stollen von Erzschürfern und Goldsuchern. Eine Wanderroute, der Senterio delle meraviglie, führt zu Schürfstellen, Höhlen, einer geheimnisvollen Burgruine und einer wieder zum Leben erweckten Hammerschmiede an dem Flüsschen Magliasina.«[8] Die Region Malcantone hat riesige Waldgebiete, durch die sich kurvige Straßen bergauf und bergab schlängeln. Für Naturfreunde ein Paradies.

In Ponte Cremenaga entdeckte ich neulich ein hübsches B&B, das sich »La Nave«[9] nennt. Es hat einen kleinen Wellnessbereich und bietet neben Malkursen einmal monatlich eine interessante Kräuterwanderung an. Dabei lernt man zahlreiche Pflanzen kennen, die nicht nur als Kräuter zum Würzen dienen, sondern auch zu einem Gemüsegericht oder Salat zubereitet werden können. Zahlreiche essbare Blumen sorgen beim anschließenden gemeinsamen Kochen für eine attraktive Dekoration und darüber hinaus auch für einen ausgezeichneten Geschmack.

Ein Highlight bei unserem letzten Freundinnentreff war der

Ausflug auf die Isola Bella, eine der Borromäischen Inseln im Lago Maggiore. Auf dieser Insel kann man den Fürstenpalast der Borromäer mit seiner einzigartig schönen Gartenanlage bewundern. Ich machte mir einen Spaß daraus, meinen Freundinnen die imaginären verwandten Fürstenonkels und -tanten auf den Gemälden vorzustellen. 2015 vermählten sich Beatrice von Borromeo und Pierre Casiraghi, der Sohn Carolines von Monaco, auf dieser Insel.

Gleich daneben liegt die Isola Madre, die ich vor einiger Zeit mit meinen Eltern besucht habe. Dort kann man ein Herrenhaus mit Landschaftsgarten im englischen Stil besichtigen und eine einzigartige Pflanzenwelt bewundern. Die Borromäischen Inseln sind außergewöhnliche Perlen der Schönheit.

In der Nähe von Locarno liegen traumhafte Täler, wie beispielsweise das Valle Maggia mit seinen Seitentälern oder das Valle Bavona mit einem schönen Wasserfall. Das Walserdorf Bosco Gurin befindet sich in einem beliebten Skigebiet. Dann gibt es noch das Centovalli, das Valle Onsernone und Valle Verzasca, um nur einige der zauberhaften Täler im Tessin zu nennen. Wilde Flussläufe, ausgewaschene und teils marmorierte Steine sowie pittoreske antike Steinhausdörfer sind dort zu bewundern. Das Tessin ist traumhaft, ich komme aus dem Schwärmen nicht heraus!

... Wenn gerade kein Besuch bei ihr war und sie auch nicht weben wollte, hatte sie wieder viel Zeit zum Nachdenken. Sie erinnerte sich oft an den Traum, in dem das Erbsengesicht zu ihr gesprochen hatte. Für was sollte sie sich inspirieren lassen? Und weiter fragte sie sich stets, warum sie vom Pferd gefallen war. Was wollte ihr dieser Sturz sagen? Darüber sinnierte sie lange nach ...

Tja, der Alltag ist nicht immer einfach und ab und zu kommen mir Gedanken wie folgender: Was wollte mir der Unfall sagen?

23. Was hat mein Unfall bei anderen bewirkt?

Meine Freunde und Verwandten haben unterschiedlich auf meinen Zustand unmittelbar nach dem Unfall reagiert. Wenn ich an die Zeit in Nottwil denke, kommt mir zuerst meine Familie in den Sinn. Ich war sehr dankbar, dass sie so gefasst waren, als sie mich das erste Mal gesehen haben. Ich hätte es nicht ertragen, wenn meine Eltern am Bett geschluchzt hätten. Sie haben einen starken Glauben und waren, wie ich, ebenfalls zuversichtlich, dass sich mein Zustand bessern würde.

Ich erinnere mich gerne daran, wie viel anteilnehmende Post ich bekommen habe. Freunde und Bekannte waren schockiert und wurden angeregt, sich über ihr Leben Gedanken zu machen. Viele identifizierten sich zuerst einmal mit mir und fragten sich: »Oh Gott, was wäre, wenn mir so etwas passieren würde …?« Ja, ich glaube, sie wurden dazu angeregt, etwas bewusster zu leben, vielleicht andere Prioritäten zu setzen und herauszufinden, was ihnen wirklich wichtig ist.

Ich erfahre es als eine große Gnade, dass es mir gelingt, mein Schicksal mal besser, mal schlechter, aber größtenteils gut anzunehmen. Ich kann den Menschen zeigen, dass man mit Handicap auch glücklich sein kann, sogar glücklicher als so mancher, der sich das Leben selbst schwermacht. Ich darf Hoffnung schenken, das erlebe ich immer wieder.

Eine Patientin, die in unserer Physiotherapie-Praxis behandelt wurde, hatte sich schon aufgegeben und war depressiv verstimmt. Sie litt sehr unter einer schweren Kniearthrose. Als sie sah, wie ich mit den Stöcken die Praxis betrat, war sie überglücklich und voller Hoffnung, dass sie es ebenfalls schaffen könnte. Sie beteuerte mir, ich hätte ihr große Kraft gegeben. Dies ist nur ein Beispiel, es gäbe noch so manch andere schöne Geschichte zu erzählen.

Vor ein paar Monaten war ich auf einem Fest von ehemaligen Mitarbeitern einer Rehaklinik, in der ich sieben Jahre lang gearbeitet hatte. Dort kam ich mit vielen früheren Kolleginnen und Kollegen ins Gespräch. Ein Arzt erzählte mir, er hätte mich vor geraumer Zeit unerwartet im Rollstuhl gesehen, aber nicht den Mut gehabt, mich anzusprechen, ihm seien Tränen gekommen ... Jetzt war er überwältigt und gerührt, mich an Stöcken gehen zu sehen.

Bei vielen meiner früheren Kolleginnen, die ich auf der Feier traf, musste ich überlegen, ob sie Krankenschwestern, Raumpflegerinnen oder Küchenangestellte waren. Ich wusste auch ihre Namen nicht mehr, doch so manche von ihnen versicherte mir, von der Nachricht meines Unfalls betroffen gewesen zu sein und viel an mich gedacht und mitgelitten zu haben.

Eine Krankenschwester, mit der ich in seltenem, aber regelmäßigem Kontakt stand, hatte während meiner Rehazeit eine Fortbildung in Nottwil und wusste, dass ich gelähmt auf dem Zimmer lag. Sie hatte mich als positive, energiegeladene und lustige Frau in Erinnerung und musste sich einen großen Ruck geben, mich zu besuchen, denn sie hatte Angst, mich in einem desolaten Zustand zu sehen. Voller Freude erzählte sie mir später, wie einfach ich es ihr gemacht hatte, denn mein

Wesen war das gleiche geblieben, meine Stimmung war gut und wir konnten total unkompliziert miteinander reden. Sie ging gelöst aus meinem Zimmer.

Ja, Gott sei Dank!! Mein Wesen ist gleich geblieben, auch wenn sich einiges in mir verändert hat.

Stimmen meiner Freundinnen

Angelika:

»Ich erinnere mich noch genau, als Geli mich angerufen hat, um mir mitzuteilen, dass du einen Rollerunfall hattest und eine hohe Querschnittlähmung hast.

Als Physio weiß man ja gleich, was das bedeutet.

Aber was mich umgehauen hat, war die Tatsache, dass du trotzdem an uns gedacht hast, um uns mitzuteilen, dass du nicht nach Waldenburg zum Physioklassentreffen kommen kannst, und Geli solle mir ausrichten, dass ich jemanden anderen brauche, der im Hotel mit mir das Doppelzimmer an deiner Stelle teilt. Und das wohl mit fester, klarer Stimme.

Ich fand das so erstaunlich und beachtlich und beeindruckend, dass du trotz deiner schwierigen, bedrohlichen Situation telefonisch Kontakt mit Geli aufgenommen hast.

Ich hätte das, glaub ich, nicht gekonnt.

Ich wäre wahrscheinlich nur um mich gekreist.

Ich habe eine Unfallversicherung abgeschlossen, ich hatte nämlich keine mehr.

Und ich hatte große Berührungsängste, dich das erste Mal nach dem Unfall wiederzusehen, in Nottwil.

Da bin ich kein Held, das machte mir Angst.

Angst vor der Situation und: wie damit umgehen???

Gott sei Dank hast du dich so gut erholt, ich bin so froh für dich und freue mich so für dich. Und ich freue mich, dass wir in so gutem Kontakt miteinander sind.«

Annette:

»Der Anruf kam aus dem Nichts und war ein Schock: ›Corsina hatte einen schweren Unfall mit dem Scooter. Sie lebt, aber sie hat einen hohen Querschnitt.‹ Noch heute bekomme ich Gänsehaut, wenn ich daran denke. Wenn man in unserem Beruf tätig ist, weiß man einfach sofort, was das bedeutet: Lähmungen, Schmerzen, Rollstuhl, das Leben wird nie mehr so sein, wie es war ... Und dann kam auch sofort dieses Bedürfnis: Ich muss sie sehen, sonst kann ich es nicht glauben.

Bei meiner ersten Fahrt mit Sonni nach Nottwil war unsere Stimmung ziemlich bedrückt und voller Fragen: Was erwartet uns? Wie treffen wir dich an? Wie ist deine psychische Verfassung? Ich kannte dich doch bis dahin als lebhaften, quirligen, lebenslustigen und optimistischen Menschen – sollte sich das womöglich total geändert haben?

Nein, du hast uns von Anfang an eines Besseren belehrt, uns beruhigt, getröstet (ja, DU musstest UNS trösten!!!) und Zuversicht ausgestrahlt, dass ich mich echt ein bisschen geschämt habe! Aber dich so da liegen zu sehen, unfähig, was zu tun, damit die Fliege aus deinem Gesicht abhaut, das war für mich so schlimm, dass ich nicht anders konnte, als zu heulen.

Gott sei Dank hast du von Anfang an ganz klar kommuniziert, was du gerne von uns hättest. Und ich war so glücklich, dass ich dich unterstützen konnte. So, wie du immer betont hast, dass du auf den Dienstag hinfieberst, wenn wir kommen oder auch nur eine von uns, so habe auch ich mich immer sehr auf meine Dienstagnachmittage mit dir gefreut und hatte mit jedem Besuch mehr das Gefühl, dass diese Stunden zu den sinnvollsten der Woche gehörten. Du hattest auch fast jede Woche eine neue Idee oder ein konkretes Ziel, wobei ich dir helfen und dich unterstützen durfte. Ich habe gemerkt, wie sich unsere Freundschaft von Mal zu Mal vertieft und unsere Verbundenheit verstärkt hat.

Es war einfach fantastisch, dich begleiten zu können bei deinen Fortschritten, Hoffnungen und in deinem Optimismus, den du trotz einiger Rückschläge nie verloren hast. Und plötzlich kam mir dieser Satz ›Wenn ich hier rauskomme, will ich gehen können‹ gar nicht mehr so abwegig vor. Ich durfte mit dir die ersten Schritte am Gehbarren machen. Sie dauerten ewig, aber wir waren beide so glücklich, dass das völlig nebensächlich war. Sogar das anfängliche Hirngespinst ›Ich möchte mit dir eine Bilderausstellung in meiner Praxis machen‹ nahm immer mehr Gestalt an. Und tatsächlich konnten wir es zu deinem 50. Geburtstag realisieren und dabei noch zwei tolle Feste feiern! Unvergesslich!!!

Was hat der Unfall sonst noch bei mir bewirkt? Ich wurde dankbarer (für alles, was mir bis dahin so selbstverständlich vorkam), habe mich nicht mehr so leicht über Kleinigkeiten aufgeregt, konnte Unwichtiges in meinem Leben leichter sein lassen (und auch dazu stehen) und habe meinen Schweinehund besser in den Griff bekommen, der öfters versucht hat, mich von sportlichen Aktivitäten abzuhalten (ja, den gab und gibt es!).

Tief beeindruckt hat mich auch deine tiefe und einmalige Liebe zu Gianni und seine zu dir, die dich über die langen Monate getragen hat und immer noch trägt. Ohne die und deinen unglaublichen Ehrgeiz wärst du sicher nicht da, wo du heute bist.«

Silvia:

»Es war dieser Anruf von Barbara; ihre Stimme war brüchig und sie sagte, es sei etwas Schreckliches passiert, du hättest in Frankreich einen Unfall gehabt und hättest einen HWS-Wirbelbruch erlitten und daraus folgende Tetraplegie ... ›Nein, nein, nein, das kann nicht stimmen, da muss es sich um einen Irrtum handeln, vielleicht sieht es im ersten Moment einfach nur so aus und ist als Information falsch weitergegeben oder falsch aufgenommen worden ...‹ Aber natürlich, so war es nicht. Barbara wusste Details über dein Befinden und an diesen Tatsachen gab es nichts zu rütteln. Dafür rüttelte es mich gehörig durcheinander: ein sogenannter Bagatell-Unfall und dann dermaßen schwerwiegende Folgen! Ich hätte mir gewünscht, die Zeit zurückdrehen und diesen so kurzen Moment rauslöschen zu können, und damit deine ganze lange Zukunft in einem neuen, schlecht kontrollierbaren und spürbaren Körper.

Über 30 Jahre habe ich in meinem Berufsleben mit vielen, vielen Menschen zu tun gehabt, die sich aus einer misslichen Lebenssituation ›freischwimmen‹ mussten, und ich habe das immer aus Sicht der Unterstützenden und Begleitung-Bietenden erlebt. Aber dieses Mal war es jemand, den ich kannte, gut und lange kannte, und nun konnte ich es fast körperlich spüren, wie es ist, um die Bewegung gebracht zu werden, um die Freiheit, um die Selbstbestimmung, um die Unabhängigkeit. Es war ein Schock, und bald setzte sich ein neuer Gedanke durch, die Frage nämlich, was das für unsere Freundschaft bedeuten würde. Natürlich, du warst in Nottwil, du warst und wurdest versorgt und ich konnte davon ausgehen, dass dir dort die bestmögliche Behandlung zuteilwird und es dir medizinisch an nichts fehlen würde. Aber wenn du zum Zeitpunkt deiner Entlassung immer noch gelähmt sein würdest, dann wäre Handeln von meiner Seite, vonseiten der ›Durch die Röhre‹-Mädels angesagt. Ich habe mir ausgemalt, weniger zu arbeiten und uns so zu organisieren, dass ich einen Tag in der Woche, vielleicht auch im Monat mit dir verbringen würde.

Die Wirklichkeit entpuppt sich langsamer als die Gedanken im Kopf, und so galt es erst einmal, das erste Treffen und Konfrontiert-Werden mit deiner Situation in Angriff zu nehmen. Die etwas sperrigen Worte passen gut, denn es bedeutete, sich dir in deiner/unserer Hilflosigkeit zu stellen. Es ist einfach, eine SMS zu schreiben, sein Mit-Leiden in geschriebenen Worten auszudrücken, aber schon Mit-dir-Reden am Telefon war eine ganz andere Herausforderung: Was kann ich sagen, wie soll ich mich verhalten? Einfach normal! Das geht gar nicht, die Situation ist so abnormal – unmöglich, etwas Normales daran zu finden. Mut zusprechen? Ich aus meiner Position? Anteilnehmend? Auch das ist schnell mal Arroganz, denn ich habe das Los ja nicht zu tragen.

Nein, es ist wirklich schwierig, sich vorzustellen, wie eine solche Ausnahme-Begegnung ablaufen soll.

Und dann war es plötzlich da, das Telefongespräch: Du hast

angerufen, ich war mit Pino in den Ferien, mit dem Velo in Slowenien, und wir haben gerade die ausgedehnten Weiden der Lipizzanerpferde in Lipica besucht. Wir saßen auf einer Bank und ich hab die Pferde, das Grün der Wiesen vor Augen und das Klingeln des Handys im Ohr – das Herz schlug bis zum Hals und ich war so aufgeregt! Ich weiß leider nicht mehr, was wir genau ausgetauscht haben, aber es war weniger beklemmend, als ich es mir vorgestellt hatte, und du hast das Gespräch geleitet. Ich weiß auch nicht mehr, ob wir schon dann einen Termin für einen Besuch abgemacht haben oder nicht, aber es war das Brechen von Eis und die Erleichterung, mit dir reden zu können, ohne dass ich oder du drauflos heulen.

Dann das erste Treffen; ich besuchte dich alleine. Die Pflegefachfrau war bei dir und du solltest kurz darauf Physio haben. Das Eintreten ins Zimmer war erneut beklemmend – es wurde mir extrem bewusst, dass ich jetzt einen so überaus lebensfrohen und quirligen Menschen im Spitalbett antreffen werde, und dass ganz viel von dem, was Corsina ausmacht, in Frankreich geblieben ist.

Und dann kommt das Bild von der ›Fürstin auf der Erbse‹. Du liegst in diesem Bett, wirst von einer Frau in Weiß ›behandelt‹, und du begrüßt mich mit einem strahlenden Lächeln – das machte es möglich, dass der Kloß, den ich im Hals hatte, in sich zusammenfiel; natürlich war es sehr traurig, aber es war nicht das Unglück, das in deinem Gesicht zu lesen war, sondern der Lebensmut und deine ureigenste Persönlichkeit, die mir entgegenblickte.

Es sind immer besondere Momente im Leben, wenn man sich an so viele Details erinnern kann, und die zwei Telefongespräche und das erste Treffen habe ich wie Fotos gespeichert.

Was hat es sonst in meinem Leben bewirkt? Dinge, die man eigentlich weiß und auf die man immer wieder in poetischen Sprüchen stößt, wie: Genieß dein Leben heute, du weißt nie, was morgen kommt. Oder: Sei dir dessen bewusst, wie gut du es hast, wenn du gesund bist. Oder: Es gibt keine hundertprozentige Sicherheit im Leben, auch wenn man sich noch so detailreich absichert. Dessen versuche ich mir sehr bewusst zu sein. Wenn ich an deinen Unfall denke, ist das nicht irgendwo, sondern ich spüre es intensiv und unmittelbar. Zusätzlich ist er ein Beispiel dafür, dass ich mit meiner Entscheidung, keinen Velohelm zu tragen, zwar vernunfttechnisch, logischerweise und erfahrungsgemäß total danebenliege, dass unter Umständen ein Helm aber auch zu einer Verletzungsgefahr (wie vielleicht bei dir) werden kann. In welcher Situation was zum Tragen kommt, das bleibt nach wie vor geheimnisvoll und unergründbar.

Eine Folge des Älter-Werdens ist, dass die Angst im Generellen zunimmt, sei es Flugangst, Geschwindigkeitsangst, Autobahnangst, Höhenangst, Angst vor Krankheiten; aber es ist doch ein Unterschied, ob einen das so umwabbelt oder ob einer Freundin tatsächlich etwas widerfahren ist. Roller- und Vespafahren ist nichts, was ich selber machen würde, und ich bin immer erleichtert, wenn ich höre, dass Freunde von mir, die sich nach ihrem 50-jährigen Geburtstag noch einen Jugendtraum erfüllen wollten, ihren ›Töff‹ wieder verkauft haben.

Zur Geschwindigkeit ist noch zu sagen, dass ich als leidenschaftliche Radfahrerin bei kurvigen Abfahrten immer wieder daran denke, dass plötzlich eine Bremse nicht mehr funktionieren oder ein Reifen platzen könnte ... oder ... oder ... oder ...

Es gehört zum Berufsalltag einer Physiotherapeutin, schwierige Geschichten und Schicksale von Menschen zu hören und für eine begrenzte Zeit Begleiterin zu sein. Es ist aber nicht möglich, sich alles so zu Herzen zu nehmen, wie es die einzelnen Betroffenen empfinden müssen; denn dann wäre diese Arbeit nicht mehr machbar. So bleibt immer ein gewisser Abstand zwischen dem Anderen und mir.

In deinem Fall ist das nicht so: Das, was dir passiert ist, ist ein Teil von meiner Geschichte geworden und wird niemals im Meer des Vergessens landen!

Eine weitere Folge deines Unfalls ist mein besonderes berufliches Interesse an Menschen, die eine Wirbelsäulenverletzung erlitten haben. So habe ich in den letzten drei Jahren etwa vier Tetra- und Paraplegiker behandelt und es hat mich sehr interessiert, zu hören, was geht und was nicht, wie sie mit ihrem Leben im Rollstuhl zurechtkommen und welche körperlichen Konsequenzen eine Rückenmarksverletzung hat. Ich war immer wieder erstaunt, wie positiv und wie ›normal‹ diese Menschen ihr Leben und die verschiedenen Herausforderungen meistern.

Wahrscheinlich ist es eine große Fähigkeit des Menschen, sich anpassen zu können, sich an etwas gewöhnen zu können, sodass es auch möglich ist, dich wieder als Corsina wahrzunehmen und nicht als Corsina im Rollstuhl oder als Corsina an den Stöcken. Das mag nun sehr nach Verdrängung aussehen, ist aber nicht so gemeint, denn was ich sehe, ist, dass du ein sehr lebenswertes Leben führst und dass es wahrscheinlich anfänglich gar nicht so klar war, dass du das kannst. Und hierin ist dein Schicksal eine große Lehrmeisterin für mich. Es ist **möglich**, mit dem **Unmöglichen** zurechtzukommen.«

Claudia:

»Als ich beim Arbeiten von deinem Unfall erfahren habe, glaubte ich es erst, als ich Barbara erreichen konnte und sie es mir bestätigt hat.

Habe sofort gespürt, wie wichtig du für mich bist.

Nach deinem Unfall bin ich einige Zeit nicht mehr geritten. Es machte mir Angst. Dachte immer an meine Stürze und wie viel Glück ich bisher hatte, dass mir nie etwas Ernsthaftes passiert war.

So vor ein bis zwei Jahren merkte ich, dass meine Leidenschaft zum Reiten langsam die Angst überwindet, und als ich nach Weihnachten nervlich leicht am Ende wieder nach Lugano kam, habe ich mich für Reitstunden in Taverne angemeldet. Pferde sind eine meiner großen Leidenschaften. Ich bin auf dem Pferderücken glücklich. Ich habe angefangen, über Hindernisse zu springen. Hat sich so ergeben, hatte ich nie zuvor gemacht. Komischerweise habe ich dabei keine Angst.

Insgesamt gesehen hab ich seither mehr Respekt vor dem, was mich noch erwartet in diesem Leben, und vor allem, wie ich eine schwierige Situation, was Krankheit betrifft, bewältigen würde oder werde.«

Denise:

»Es gibt, ganz ehrlich gesagt, seit deinem Unfall viele Momente, in welchen ich daran denke. Dies vor allem in Situationen, die gewisse Gefahren für einen Unfall bergen. Ich bin viel ängstlicher geworden, habe Angst um mir nahestehende Personen und auch um mich. Manchmal ertappe ich mich dabei, wie ich mir einen Unfall ausmale und mir vorstelle, was alles passieren kann (vor allem auch in Bezug auf eine eventuelle Tetra- oder Paraplegie). Beispielsweise, wenn André mit dem Roller fährt (manchmal ich hintendrauf, aber leider auch hier meistens mit einem eher beklemmenden Gefühl seit dem Tag X ... auch wenn dies schlussendlich wohl keinen Sinn macht). Im August letzten Jahres ist Heusi, ein sehr enger Freund von André (und mir schlussendlich auch), bei einem Gleitschirmflug ums Leben gekommen. Vier Tage vorher waren wir mit ihm und seiner Lebenspartnerin Sue noch essen – da war er noch quicklebendig und voller Tatendrang. Im Zusammenhang mit seinem Tod habe ich mich beispielsweise auch ein paar Mal ertappt ... Meine Gedanken gingen in Richtung: Eventuell ist es für ihn besser, dass er starb. Heusi war ein Bergler, Aktivsportler und Tausendsassa ... Ihn mir in einem Rollstuhl vorzustellen, fällt unheimlich schwer (in etwa so schwer, wie mir wohl diese Vorstellung bei dir vor deinem Unfall gefallen wäre). Habe ich das Recht auf solche Gedanken? Wer entscheidet für andere, ob ein Leben lebenswert ist?

In vielen Augenblicken denke ich an dein Schicksal und komme mir miserabel vor, wenn ich mit meinen kleinen ›Sörgeli‹ mal nicht klarkomme und mich als die ›Ärmste‹ fühle. Andererseits kann ich auch wirklich behaupten, dass ich viele Momente (vor allem solche, die mit Bewegung und Eigenständigkeit zu tun haben) noch mehr und bewusster genieße. Du weißt ja, beim ›Genießer-Gen‹ bin ich grundsätzlich schon per se nicht zu kurz gekommen ... Aber es geht ja vor allem darum, dass man realisiert, wie wenig selbstverständlich all diese Erlebnisse und das Leben sind. Und dass es von heute auf morgen anders sein kann. Damit verbunden auch die

Dankbarkeit für die körperliche und mentale Gesundheit, dies nicht als gegeben zu betrachten. Und ich mache mir auch viel mehr Gedanken darüber, wie es für Menschen ist, bei denen dies eben nicht mehr oder nur teilweise gegeben ist.

Der Sinn des Lebens – auch von mir ein Lieblingsthema: Dein Unfall hat immer wieder Gedanken in diese Richtung bei mir ausgelöst. Mit verschiedenen Resultaten. Es ist ein Endlos-Thema, über das ich, wie du ja weißt, auch stundenlang diskutieren könnte. Wann macht das Leben Sinn und ab wann macht es keinen Sinn mehr? Eng verbunden damit die Gedanken bezüglich der Frage: Was ist in unserem Leben Schicksal, was ist Zufall? Auch Gedanken in die Richtung: Wie würde ich mit einer Tetra- oder Paraplegie umgehen? Wäre ich stark genug, um mein eigenes Leben wieder mehrheitlich als sinnvoll und lebenswert zu betrachten?

Zuallerletzt fällt mir noch was eher Praktisches ein: Ich glaube, ich habe mir vor deinem Unfall extrem wenige Gedanken gemacht über die Tücken im Alltag einer Person im Rollstuhl. Nun ertappe ich mich auch hier ab und an, was früher, offen gesagt, wenig der Fall war, dass ich eher bemerke, wenn Orte beispielsweise nicht rollstuhlgängig sind. Sagen wir es mal so, es hat wohl auch meine Sinne geschärft in puncto, wie vielen Hindernissen Menschen mit einer körperlichen Behinderung im Alltag ausgesetzt sind.«

Dieter und Claudia:

»Wie du dein Schicksal meisterst und mit ihm umgehst, ist für uns immer wieder eine ausgezeichnete Lehre, nicht auf hohem Niveau zu klagen.

Du hast es verstanden, die verlorenen Fähigkeiten durch viele neue zu ersetzen – dies gibt uns immer wieder Impulse, dem Leben die verschiedenen Facetten abzugewinnen. So zum Beispiel auch ›Defizite‹, die durch das Älterwerden entstehen, mit mehr Gelassenheit zu akzeptieren und durch Anderes/Neues zu ersetzen, das Wertvolle zu sehen und zu genießen.«

Vielen Dank euch allen für die Gedanken, die ihr mir habt zukommen lassen auf die Frage: »Was hat der Unfall bei euch bewirkt?«

24. Was hat der Unfall bei mir bewirkt?

In den Briefen, die ich in Nottwil bekam, wurde ich häufig als starke Frau bezeichnet. Viele der Schreibenden verwiesen auf meine positive Kämpfernatur und waren überzeugt: Wenn eine es schaffen würde, dann sei ich es.

Das hat mich umgehauen. Seit ich Kind bin, habe ich mich selbst immer für schwach gehalten. Mit meinem Untergewicht im Kindesalter und meiner kleinen Größe war ich eigentlich nie sehr belastbar. Interessant, wie unterschiedlich ich und die Leute mich wahrnehmen. Für mich war es eine Offenbarung und hat mir sehr geholfen, meine Sichtweise auf mich selbst zu ändern. Diese Erkenntnis hilft mir auch jetzt über einige Tiefs hinweg. Ja, vielleicht bin ich stärker, als ich denke. Oder ich habe Stärke bisher anders definiert.

Ich kann von mir behaupten, dass ich direkt nach dem Unfall recht cool war, sowohl auf der Intensivstation als auch in der Reha, und meine abrupte Lebensveränderung erstaunlich gut wegsteckte. Wie schon beschrieben, hatte ich die Kraft, mein Schicksal anzunehmen. Diese kam für mich nicht von ungefähr: Es ist eine außergewöhnliche Kraft, die mir geschenkt wurde, ich möchte sie »göttlich« nennen. Meinen Gottesbegriff werde ich später etwas näher erklären, aber für »Gott« kann auch »Urkraft« stehen, »Buddha«, »Natur«, oder wie auch immer der Mensch es nennen möchte …

Die Frage nach dem Sinn meines Unfalls, die mich immer mehr beschäftigte, ist unmittelbar verbunden mit der Frage nach dem Sinn des Lebens. Speziell in der Zeit meiner posttraumatischen »Depression«, aber auch danach und bis heute hilft mir meine **Spiritualität.** Dieses Thema beschäftigt mich schon, seit ich denken kann. Aber nie hatte ich so viel Zeit und Gelegenheit, im Internet zu surfen und Bücher dazu zu lesen.

Neben vielen neuen Anstößen kam ich auch zurück auf schon mal gelesene Bücher, die mir vor einigen Jahren empfohlen wurden und mir immer wieder neue Impulse geben. Meine Topbücher sind die drei Bände der »Gespräche mit Gott« von Neale Donald Walsch. Sie sind sehr zu empfehlen – vor allem für diejenigen, die bei den traditionellen Religionen an Grenzen stoßen!

Bezüglich der Sinnfrage möchte ich nochmals auf Viktor Frankl, den ich oben schon erwähnt habe, zurückkommen. Er hat einige Vorträge über die Sinnsuche gehalten, die man sich zum Teil auf Youtube anschauen kann. Zudem hat er auch Bücher zu diesem Thema geschrieben.

Heilen

Den Beruf der Physiotherapeutin hatte ich ganz bewusst gewählt, denn ein wichtiger Aspekt eines sinnvoll gestalteten Lebens ist für mich, dass ich anderen helfen kann.

Nach dem Unfall war ich anfangs davon überzeugt, dass ich Patienten, die eine Cranio-Sakral-Therapie benötigen, noch behandeln könne, aber das war ein Irrtum. Die Arme sind zu schwach und die Hände zu ungelenk. Schon lange interessieren mich Techniken mit Energiearbeit. Ich habe aber immer das Gefühl, dass dabei, wie mitunter bei allen physiotherapeutischen Techniken, immer nur Teilsysteme des Menschen angesprochen werden. Ich komme immer mehr zur Überzeugung, dass es unzureichend ist, Kurs um Kurs aneinanderzureihen. Der ganzheitlichen Behandlung liegt ein Geheimnis zugrunde, das nichts mit Intellekt und Technik zu tun hat, sondern mit etwas viel Feinerem, Tiefliegenderem.

Am liebsten würde ich allen meine Hände auflegen und die Menschen dadurch heilen. So einfach ist es leider nicht, auch wenn ich damit schon des Öfteren sehr gute Erfolge erzielt habe. Um Heilerin zu sein, braucht es ein unerschütterliches Vertrauen in sich selbst und in die göttliche Ordnungskraft. Aber die Wege des Herrn sind unergründlich – einer der wenigen Sätze, die ich aus der Bibel im Kopf habe, den ich langsam immer besser verstehe. Jeder Mensch ist auf seinem eigenen Weg und manchmal ist die Zeit noch nicht reif für eine Veränderung, die es braucht, um eine Heilung zuzulassen. Ich selbst bin noch zu unbeständig in meinem Vertrauen, um auf solche Art zu heilen.

Im Moment lese ich ein sehr spannendes Buch: »Das Geheimnis der Heilung« von Joachim Faulstich.[10] Er ist Buchautor und Regisseur wissenschaftlicher Fernsehdokumentationen. Seit mehr als 20 Jahren publiziert er außerdem zu Fragen der Komplementärmedizin und der Bewusstseinsforschung. Seine Filme »Rätselhafte Heilung« (ARD 2006) und »Das Geheimnis der Heilung« (ARD 2010) machten die bahnbrechenden Erkenntnisse der Mind-Body-Medizin einem Millionenpublikum bekannt.

In dem Buch »Das Geheimnis der Heilung« beschreibt Faulstich, wie altes Wissen mit der modernen, naturwissenschaftlichen Medizin verbunden werden kann. Er beschreibt alte oder alternative Heilmethoden, wie zum Beispiel Schamanismus, Hypnose, Handauflegen, versucht sie zu erklären und bringt sie dem kritischen Beobachter mit Beispielen und Metaphern näher. Gleichzeitig zeigt er auf, wie dieses alte Wissen durch die neuesten wissenschaftlichen Erkenntnisse immer mehr bestätigt und erklärt werden kann.

Anhand zahlreicher Studien, die den Placeboeffekt untersuchen, wird zunehmend deutlich, wie stark unser Glaube bzw. unser Geist in der Lage sind, unseren Körper und seine Heilungskräfte zu beeinflussen. Joachim Faulstich beschreibt in seinem Buch sehr interessante Fallbeispiele, die unter anderem verdeutlichen, wie groß die Macht der Worte ist. Auch die Berührung und die Fähigkeit, sich in den Patienten einzufühlen, spielen beim Heilungsprozess eine wesentliche Rolle. Faulstich zeigt auf, wie in der Zusammenarbeit zwischen neuen und alten Disziplinen unter besonderen Umständen Spontanheilungen, also Wunder, möglich werden können.

Für mich selbst verstehe ich immer mehr, dass ich einen Patienten nicht unbedingt auf der Behandlungsbank unter meinen Fingern haben muss, sondern dass ich den Menschen auf unterschiedlichste Art bei ihrer Heilung beistehen kann.

Worte

Freunde und Bekannte machten mich auf eine meiner Gaben aufmerksam: Meine offene Art lädt zum Gespräch ein und die Leute vertrauen sich mir an. Sie fühlen sich verstanden und nicht selten helfen ihnen Ratschläge, die ich ihnen gebe.

Worte können sehr stark sein. Ich möchte hierzu aus einem der schönsten Lieder, die ich kenne, zitieren: »Wort« von Udo Jürgens:

»... Du bist so leise und so sacht, dabei hast du die größte Macht, die diesen Erdball umschließt ... Du bist der Leitstrahl, der uns führt, hast Krieg und Frieden schon diktiert ... Du bist so zärtlich und so warm, dein Klang nimmt uns in seinen Arm. Du bist die Brücke, die die Menschen näherbringt ...«

Eine Freundin sagte zu mir: »Geh einfach in deine Praxis und sei nur du. Du weißt nicht, wie vielen Leuten du dadurch hilfst. Dein Strahlen gibt ihnen ein gutes Gefühl. Wenn sie dich sehen, bekommen sie Hoffnung. Wenn du es geschafft hast, aus der schlimmen Situation herauszukommen, und das Leben wieder als lebenswert ansiehst, dann ist dies ein Zeichen, dass auch sie eine Chance haben, dass sich ihre Situation verbessern kann. Das könnte einer Therapie gleichkommen, ohne Worte, ohne Liege und ohne Hände-Auflegen.«

Dies alles sind sehr wichtige Erkenntnisse, die mir helfen, meinem noch relativ untätigen Leben einen Sinn zu geben. Und trotzdem reichte es mir nicht aus und ich war weiter auf der Suche.

Im Skript meiner Freundin steht noch ein wichtiger Gedanke: »*Das, was einem Menschen wertvoll und wichtig ist, macht sein Leben auch sinnvoll.*«[11]

Glücksmomente

Ein wichtiger Mosaikstein für ein sinnerfülltes Leben ist, Glück empfinden zu können. Ein Glücksgefühl kann sich einstellen, während ich etwas aktiv tue. Auch wenn mir etwas gelungen ist, kann ich mich darüber freuen.

Glücklich sein kann ich, wenn ich die Seele baumeln lasse. Die Schweizer haben einen sehr schönen und treffenderen Ausdruck dafür: »Eifach e chli siii« (Einfach ein bisschen sein). Natürlich bin ich in dieser Hinsicht sehr privilegiert, denn, wie gesagt, ich habe Zeit. Aber es ist auch für jedermann im Arbeitsalltag möglich, beim Kaffeetrinken innezuhalten, oder sich zwischendrin den Wecker zu stellen, der daran erinnert, nur für zwei Minuten still zu werden, durchzuatmen und herunterzukommen.

Ich kann mir während des Autofahrens bewusst machen, dass die Sonne scheint und die Welt im Sonnenlicht freundlicher aussieht. Oder ich kann es schätzen, dass das Auto mich vor Nässe und Kälte schützt, wenn es gerade regnet. Ich kann mich über das »Danke schön« eines Autofahrers freuen, den ich vorgelassen habe. Wenn ich in der Schlange an der Kasse stehe, kann ich mich entspannen, anstatt mich aufzuregen ...

Bewusstes Wahrnehmen ist die Voraussetzung, um sein Glück empfinden zu können. Ob großes oder kleines Glück, was bringt es uns, wenn wir es nicht fühlen? Wir lassen uns von der Gewohnheit plattmachen.

Wie lange freuen wir uns über das neue Appartement mit Seeblick? Häufig nur in den ersten Wochen, dann wird der Ausblick zur Gewohnheit. Wie lange sind wir glücklich über den neuen, gut bezahlten Job? Bald sehen wir hinter die Kulissen und ärgern uns über einen faulen Kollegen oder über die viele Arbeit. Zu Beginn sind wir glücklich, einen Partner gefunden zu haben, doch im gewohnten Alltag verschwindet der Enthusiasmus. Ob es sich um ein neues Möbelstück handelt oder um Freundschaft, um den Wohnsitz oder die ganze Lebensgestaltung – viel zu oft lassen wir Gewohnheit, Gedankenlosigkeit und Desinteresse siegen, anstatt uns bewusst zu machen, welche Dinge uns wichtig sind. Leider spüren wir deren Wert erst, wenn sie verloren oder gar nicht mehr da sind.

Bewusstheit ist ein wichtiger Schlüssel zum Glück. Der Unfall hat mir vieles genommen. Vieles, was früher selbstverständlich war, kann ich nicht mehr tun. Wandern, tanzen, schwimmen, joggen ... Aber wenn ich mich an die Zeit zurückerinnere, wie es war, als ich gar nichts mehr tun konnte, freue ich mich über alles, was jetzt wieder geht, auch wenn es anders ist, langsam und ungelenk.

Wie viele andere Glücksmomente kann ich haben? Ich kann mich mit fließendem, sauberem Wasser waschen, habe eine warme Wohnung und genügend zu essen, werde von einer Nachbarin freundlich begrüßt, kann die Blumen im Garten bewundern, darf mich freuen, endlich die störende Erkältung von letzter Woche vom Hals zu haben, kann den guten Kaffeeduft riechen und im Kreis von Freunden sein ... Die kleinen Glücksmomente erleben wir nur, wenn wir sie uns bewusst machen, andernfalls sind sie im nächsten Moment unwiederbringlich vergangen.

Es gibt Tausende von kleinen Glücksmomenten, laden wir sie ein in unser Hirn und Herz!

25. Was Freude macht, ist leicht

Freude wirkt sinnstiftend! Und Freude ist gleichzeitig ein Erfolgsprinzip. Ja, als ich mir darüber Gedanken gemacht habe, hat sich für mich wieder eine neue Welt aufgetan.

Wir haben zahlreiche Pflichten zu erfüllen, die uns nicht immer Freude bereiten. Dies fängt schon im Kindesalter an: In der Schule musste ich büffeln, ob mir das Fach gefiel oder nicht. Zu Hause wurde im Haushalt mitgeholfen und mein streng katholisches Gewissen stellte hohe Ansprüche an mich, gute Werke tun zu *müssen*. Dann habe ich meine Ausbildung als Physiotherapeutin gemacht, die mir Freude bereitete. Und obwohl ich daraufhin meinen Traumberuf ausübte, war der Arbeitstag doch lange und oft ermüdend ... Nun habe ich den Luxus, tun zu dürfen, was mir Spaß macht.

Was Freude macht, ist leicht, es ermüdet nicht, ist nicht langweilig, nicht schwierig und nicht mühsam. Freude ist eine ungemein starke Energiequelle.

Nicht nur in der spirituellen Literatur, auch in Büchern zum Erfolgscoaching wie zum Beispiel »Kompass für die Seele« von Jack Canfield und Janet Switzer[12] geht es darum, sich zuerst seiner Ressourcen bewusst zu werden und zu erkennen: Was will ich denn nun? Was macht mir Spaß? Dann kann man sich ganz exakte Ziele setzen.

Da fällt mir eine Passage aus dem Buch »Kompass für die Seele« ein, die mir ganz besonders gefällt: Canfield erzählt von

einer Party, die einen starken Eindruck bei ihm hinterlassen
hatte. Jeder Gast sollte so erscheinen, wie er sich sein Leben in
fünf Jahren vorstellte, wenn er sein gesetztes Ziel erreicht haben würde. Man sollte entsprechende Requisiten mitbringen
und so tun, als hätte man tatsächlich alles erreicht, was man
sich erträumt hatte. Einer kam als Börsenmakler, ein anderer
als Schriftsteller, der schon zwei Bestseller geschrieben hatte.
Eine Frau stellte sich vor, Zeitschriftenherausgeberin zu sein,
und zeigte eine fingierte Ausgabe mit ihrem Bild darauf. Wieder ein anderer gab sich überzeugend als Millionär im Ruhe-
stand aus, der eine Villa am Meer hatte, und erzählte in allen
Einzelheiten davon. Einer wollte Bildhauer werden, kam in
einer Lederschürze und zeigte Fotos seiner Werke ...

Die Gäste waren dazu angehalten, sich gegenseitig in ihrer
Wunsch-Persönlichkeit zu bestärken und so zu tun, als hätten
sie ihren jeweiligen Gesprächspartner schon in einem Inter-
view im Fernsehen gesehen oder in einer wichtigen Zeitung
einen Artikel über ihn gelesen ... So wurde das Unterbewusst-
sein der Gäste vier Stunden mit dem genährt, was sie sich
wirklich sehnlichst wünschten. Die lebhafte Erfahrung hat
ihre Gefühle positiv verstärkt und das Verblüffende war, dass
es funktionierte. Alle haben daran gearbeitet, ihre Träume
zu verwirklichen. Nicht nur Jack Canfield wurde Bestseller-
autor, auch bei anderen Gästen hatte sich der Traum danach
tatsächlich erfüllt. Im Vorfeld war es jedoch wichtig, dass sie
zunächst herausfanden, was ihnen wirklich Freude bereitete
und was sie sich für die Zukunft wünschten.

Freude ist auch die Basis eines jeden erfolgreichen Lernpro-
zesses. Martin Busch, ein Kursleiter der SELBSTentwicklung,
den ich später noch erwähne, ist überzeugt davon, dass es

keine faulen oder unmotivierten Kinder gibt. Wenn Kinder in der Schule Desinteresse zeigen, liegt dies meist daran, dass ihnen vorgefasste Lernstrategien aufgezwungen werden, die nicht ihrem eigenen Forscherinstinkt entsprechen. Solange die Kinder mit Eifer selbst forschen dürfen, funktionieren Lernprozesse hervorragend.

Auch im Erwachsenenalter gibt es viele Möglichkeiten, um Neues zu erlernen. Es lohnt sich daher, sich immer wieder selbst zu fragen: »Was macht mir denn eigentlich Freude?«, und sich dafür gezielt Zeit zu nehmen.

Mir persönlich bereitet das Malen große Freude. Es war für mich das schönste Geschenk, dass ich schon in der Rehazeit wieder damit beginnen konnte. Malen bedeutet mir nach wie vor sehr viel. Es ist ein wunderschönes Hobby, dem ich gerne nachgehe.

Trotzdem fragte ich mich von Zeit zu Zeit: Was kann ich denn noch tun? Welche Tätigkeit bereitet mir uneingeschränkte Freude, ist kreativ und verbindet mich darüber hinaus mit anderen Menschen?

... Neben dem Weben entdeckte die Prinzessin eine weitere große Leidenschaft: die des Schreibens. Sie brachte all ihre Gedanken über Gott und die Welt zu Papier. Es waren wertvolle Erfahrungen, die sie in der Zeit der Genesung gemacht hatte, aber ihr war immer mehr daran gelegen, ihre Sicht auf das Leben zu beschreiben, die schon viel früher in ihr gereift war. Sie entschied sich also, ein Buch zu schreiben, und wollte damit auch andere Menschen erreichen ...

Ihr ging ein Licht auf: Das also meinte das Erbsengesicht in ihrem Traum: die Intuition des Schreibens!

26. Schönheit und Vielfalt der Sprache

Erst jetzt wurde mir bewusst, dass ich schon immer gerne geschrieben habe: Briefe (auch für meine Freunde), Karten, Tagebuch, Gedichte und Urlaubsgeschichten. Sprache überhaupt interessiert mich sehr. Ich bin stets fasziniert, wenn ich Bücher oder Zeitschriftenartikel lese, die in einem guten Stil verfasst sind. Genauso geht es mir bei einem Brief von meiner Freundin Christine oder einer Karte von Silvia ... Das ist eine Ohrenweide für mich.

Dialekte liebe ich, sie bringen mich zum Lachen und ich vergnüge mich damit, sie nachzuahmen. Was für eine Freude! »Ei verbibsch, das könn se mr glauben!« Ja, nicht nur die deutschen Dialekte sind zum Piepen, auch die italienischen. Es ist immer wieder überraschend, wie sehr sie sich von der Hochsprache unterscheiden. Auf Italienisch heißt zum Beispiel »Mach das Licht an«: *Accendi la luce.* Das wird im Tessiner Dialekt zu: *Pizza la lüs. Oggi* wird zu *incö* und *sedia* wird zu *cadrega.* Ich brauchte einige Jahre, bis ich wenigstens ein bisschen Tessinerisch verstand.

Im Tessin gibt es viele ausgewanderte Italiener. Die süditalienischen Dialekte sind, wie die süddeutschen, ganz besonders interessant. Ich finde, Neapolitanisch hört sich an wie mein Schwäbisch. Die Sizilianer sprechen das R nach einem T wie die Engländer aus, sie könnten *train, traffic* und *trip* in perfektem Englisch aussprechen. Die meisten Süditaliener in unserer Praxis sind Kalabrier, konkret aus der Stadt Mesoraca. Das ganze Südtessin ist bevölkert von Mesoracanern, oder besser Mesoracesen? Die Stadt ist fast ausgestorben und zählt circa 6.000 Einwohner, nur in den beiden Sommermonaten, wenn alle Heimaturlaub machen, kommt sie auf circa 30.000. Die meisten aus dem Süden, vor allem die zweite Generation, können sich trotz ihres Akzents recht verständlich ausdrücken.

In der Praxis erlebe ich aber immer wieder Szenen wie diese: Ein Mann ruft an und ich verstehe nur: »Pronto, Schbrlczlcl.« »Wie bitte?«, frage ich nach und er wiederholt seinen Namen viermal. Etwas peinlich berührt gebe ich den Hörer weiter an Gianni, der ebenfalls dreimal »Wie bitte?« wiederholt. Beim vierten Mal lügt er: »Aaaah! Capito!« Gut, dass wir den Patienten wenigstens verstehen, wenn er vor uns steht.

Der besagte Herr hat nicht nur Mühe mit der Aussprache seines Namens, sondern auch damit, ihn zu Papier zu bringen. Als zwei Kontoauszüge kamen, auf denen »Name unleserlich« stand, ahnte ich sofort, wer die Zahlung getätigt hatte.

Mein Göttergatte ist zwar in Süditalien geboren, aber im Norden aufgewachsen, besser gesagt in der Toskana. Toskanisch ist einer der witzigsten Dialekte, denn das C wird zum H. So wird aus »Coca-Cola« *Hoha-Hola*. Gianni hat sich, seit er im Tessin lebt, seinen Dialekt schnellstens abgewöhnt, weil er oft nachgeäfft oder gar nicht verstanden wurde. Als wir uns vier Tage bei seinem Bekannten Nicola in Apulien aufhielten, habe ich über den apulischen Dialekt gestaunt. Nicolas Italienisch klang für mich eher wie Arabisch, als er mit einheimischen Freunden ein Schwätzchen hielt. Von diesen Gesprächen verstand ich gar nichts und Gianni nur die Hälfte. Venezianisch hört sich für mich wie Spanisch an.

Abschließend könnte man vermuten, dass ein Italiener, der alle Dialekte seines Landes versteht, die beste Basis hat, um viele andere Sprachen zu lernen. Aber weit gefehlt! Die Italiener sind für Fremdsprachen eher unbegabt. Das hindert sie jedoch nicht daran, Meister in Zeichensprache zu sein und mit ihrer netten und kommunikativen Art auf der ganzen Welt leicht und gerne verstanden und geliebt zu werden.

Ja, und obwohl die italienische Sprache sich so sehr von der deutschen unterscheidet, gibt es manche italienische Sprichwörter oder Redewendungen, die den deutschen ähnlich sind:

»Einem geschenkten Gaul schaut man nicht ins Maul«: *A caval donato non si guarda in bocca.*

»Morgenstund hat Gold im Mund«: *Le ore del mattino hanno l'oro in bocca.*

»Lügen haben kurze Beine«: *Le bugie hanno le gambe corte.*

Weitere italienische Redewendungen, die auch wunderschön sind:

Parlare col cuore in mano: »Ganz offen sprechen«, »Mit dem Herzen in der Hand reden«.

Canta che ti passa: »Mach dir nichts draus«, »Sing, dann geht's vorbei«.

Luna di miele: »Flitterwochen«, »Honigmond«.

Prendere lucciole per lanterne: »Etwas falsch verstehen«, »Glühwürmchen für Laternen halten«.

Sprache ist unendlich vielseitig. Beim Schreiben kann man mit Sprache spielen, man kann Ideen haben, Worte finden, sie durch andere ersetzen, noch ein treffenderes Wort finden, ausformulieren, umschreiben, ausschmücken, überleiten, fantasieren ... Das schönste Gefühl aber entsteht, wenn es schreibt, wenn es sich anfühlt, als würden die Sätze von selbst in meinen Kopf fliegen, um sprudelnd über meine Hände wieder herauszufließen.

27. Älter werden

Nun bin ich auch schon 55 Jahre alt und der Satz »Ich fühle mich noch jünger« scheint abgedroschen, aber tatsächlich fühle ich mich trotz meiner körperlichen Schwierigkeiten, die denen alter Damen gleichen, sehr jung. Das mag an verschiedenen Dingen liegen. Zum einen – sage ich mal etwas dreist – sehe ich manchmal jünger aus, als ich bin, habe noch eine schöne Haut und über meine Figur kann ich auch nicht klagen. Zum anderen hatte ich das Glück, meinen Körper nie zu schwer belasten zu müssen, und es gibt deswegen auch keine Zeichen des körperlichen Verschleißes.

Aber auch im Inneren bin ich noch weit weg von den Fünfzigern. Ich habe keine Kinder und konnte daher mein Leben sehr unabhängig gestalten. Deshalb hatte ich schon immer mehr Zeit, die ich nutzte, um mir über mich und meine Mitmenschen Gedanken zu machen. Natürlich war mir mein Beruf dabei eine große Hilfe. Als Physiotherapeutin hat man mehr Kontakt mit Patienten als jeder Arzt, und nicht selten wird man zu deren Psychologin. Ich habe sehr viele Lebensgeschichten und -formen kennengelernt, Gespräche und Diskussionen geführt und war immer am Schicksal anderer interessiert. Ich denke, dadurch bin ich gedanklich flexibel geblieben.

In letzter Zeit wird mir bewusst, dass Flexibilität eine zentrale Fähigkeit ist, die Menschen meist im fortschreitenden Alter verlieren. Jung bleiben heißt für mich: flexibel zu sein,

Neues nicht gleich von vorneherein abzuschreiben, immer neugierig zu bleiben und das Interesse und die Begeisterung für Dinge und Menschen nicht zu verlieren. Es heißt auch, immer wieder sich selbst infrage zu stellen und dies auf konstruktive Weise zu tun! Aber es kommt nicht darauf an, ob man sich jung oder alt fühlt, sondern darauf, dass wir immer auf dem Weg sind, friedvoller mit uns selbst und der Welt umzugehen und uns immer besser zu fühlen mit dem, was wir tun und sind. Dies ist eine große Aufgabe, der wir ab 50 vielleicht etwas leichter nachkommen können.

Zurzeit lese ich zwei schöne Bücher von Margit Schönberger: »Don't worry, be fifty« und »Be happy, be fifty«.[13] Die Autorin zeigt an vielen schönen Beispielen auf, dass die Zeit ab 50 nicht mehr davon geprägt ist, fürs Überleben oder für die Karriere kämpfen zu müssen. Deswegen können wir das Leben bedeutend gelassener nehmen und sollten unser Augenmerk auf die Dinge des Lebens legen, die uns wichtig sind. Wir können mehr im Jetzt leben und sollten nicht unsere Zeit damit vergeuden, Altem und Vergangenem nachzutrauern oder uns vor der Zukunft zu fürchten. Wir können auch mal »Nein« sagen, weil wir den anderen und uns selbst nichts mehr beweisen müssen. Dann haben wir auch mehr Zeit, um für Familie und Freunde da zu sein. Wenn wir lernen, nicht mehr zu viel von uns und anderen zu verlangen, können wir entspannter und wohlgelaunter sein. Es ist wichtig, dass wir uns der Privilegien bewusst werden, die wir in unserer Luxusgesellschaft haben, und nicht in der Oberflächlichkeit des Lebens stecken bleiben. Dann können wir es auch besser zu schätzen wissen, dass wir Menschen, die uns mögen, um uns haben ...

28. Zwei Leute und drei Stöcke
Einkauf mit Mama

Meine Mutter war bis vor circa zwei Jahren in jeder Beziehung eine sehr fitte alte Dame, sowohl geistig als auch körperlich. Nach dem Tod meines Vaters und einem Sturz ließen ihre Kräfte langsam nach. Die Gehsicherheit hat abgenommen, sie ist langsamer unterwegs als vorher, braucht einen Stock und im Allgemeinen ist sie um einiges schwächer geworden. Für ihr Alter, kann man sagen, geht es ihr recht gut.

Doch wenn man bedenkt, dass ich für längere Strecken im Rollstuhl sitzen muss, kann man sich vorstellen, dass sich unser gemeinsames Einkaufen nicht mehr so einfach gestaltet wie früher.

Schon allein die Vorbereitung nimmt 20 Minuten in Anspruch: kurz aufs Klo gehen, Taschen und Täschchen holen, Geldbeutel auffüllen, Jacken und Straßenschuhe anziehen, mit unseren drei Stöcken im Schneckentempo zum Auto gehen … Es dauert eine Weile, bis wir losfahren können.

Endlich kommen wir beim »Edeka« an. Frech parke ich mit Behindertenausweis vor dem Gebäude und beginne mit dem üblichen Prozedere: automatische Türe öffnen, Rollstuhl rausfahren, Rollstuhl öffnen, Kissen drauf, Auto schließen, Schlüssel verstauen, Sonnenbrille von Mutter versorgen und die vielen Taschen auf meinen Schoss legen, damit sie die

Hände frei hat, um mich zu schieben. Noch den Parkzettel in den Geldbeutel zum Abstempeln und los geht's!

Rein in den »Edeka«. Den Korb nehmen wir nicht, wäre zu kompliziert. Zuerst zum Obst. Zwetschgen müssen abgewogen werden, kann Mama die Nummer alleine eintippen? Jaaa! Weiter geht's zum Teeregal. Ich hab noch nie so viele Teesorten in einem Supermarkt gesehen. Es gibt einen »Abend-Tee«, einen »Gute-Nacht-Tee«, einen »Schlaf-gut-Tee«, einen »Entspannungs-, Wohlfühl- und Feierabendtee« und viele Sorten mehr. Nur einen Katzensorgenberuhigungstee für meine Freundin, deren Katze morgen ein Bein amputiert wird, gibt es leider nicht. Dafür Rooibos-Tee, Schwarz-, Grün- und Weißtee in allen Geschmacksrichtungen, Kräutertees, Früchtetees von Himbeer bis Zitrone und alles noch von verschiedenen Marken! Jedoch den Tee, den Mutter trinkt und der ihr gut tut, finden wir leider nicht.

Weiter geht's zu Körperlotionen und Duschseifen. Da gibt es mindestens acht Sorten von Dove, sieben von Palmolive und dann die natürlichen von Kneipp, Weleda und Lavera. Ein Glück, dass ich schon weiß, welche ich will.

Mama muss ihren Süßigkeitengeschenkevorrat wieder auffüllen. Bei den Regalen verweilen wir fast eine halbe Stunde, denn das Angebot an Schokolade, Keksen, Keksen mit Schokolade, Keksen ohne Schokolade, Toffifee, Ferrero Küsschen, Ferrero Rocher, Balisto, anderen Riegeln und Pralinés, um nur einen kleinen Teil zu nennen, ist unendlich.

So, jetzt schwindelt mir der Kopf, aber wir brauchen noch ein Blumengeschenk.

Wenn man es sich richtig überlegt, ist Einkaufen wirklich eine Zumutung geworden, nicht nur für Ältere und Behinderte, sondern für jedermann! Wer hält denn so eine Reizüberflutung aus?

Mein Schoß ist schon voll bepackt und dann muss ich noch den tropfenden Blumenstrauß halten.

Ab zur Kasse und alles aufs Fließband. Mama soll Blumenpapier holen und ich beginne schon mal mit dem Bezahlen.

Jetzt alles wieder einpacken ... Halt! Zuerst den Geldbeutel von Mama rausholen, in dem der Parkbon liegt, und die Zwetschgen nicht zu weit unten verstauen, sonst werden sie zerdrückt. Gut, dass uns die Kassiererin beim Einpacken hilft, sonst wären von hinten schon Beschwerden gekommen.

Geschafft! Wir verlassen den »Edeka«. Jetzt müssen der Rollstuhl und die Waren noch ins Auto gepackt werden. Nachdem Mutter und ich auch im Wagen sitzen, geht es endlich nach Hause. Dort wartet, Gott sei Dank, Mamas Haushaltshilfe, die uns behände beim Auspacken hilft. Es wundert nicht, dass wir danach völlig erledigt in die Sessel sinken, um uns von diesem Stress zu erholen.

Das Ganze geht bei gesunden und jüngeren Leuten zwar alles schneller vonstatten, aber bei dem Riesenangebot an Artikeln strömen die Reize auf jeden ein, ob er will oder nicht. Und dabei gilt es, zahlreiche Aspekte zu beachten: Welches Produkt ist günstiger? Welches ist qualitativ besser? Was gefällt mir persönlich besser, welches meinem Mann, meinen Kindern? Welches Produkt ist umweltfreundlicher? Was kommt aus welchem Land? Sind die Eier aus einer Massentierhaltung oder von glücklichen Hühnern? Stimmt die Größe und Menge? Will ich Frisches oder Haltbares? Ist das Frische wirklich frisch oder schon abgelaufen? ... Mensch, hilft mir denn niemand beim Entscheiden???

Nach so einem Einkauf kann sich nicht jeder einfach hinsetzen und sich erholen, wie Mutter und ich. Bei Leuten mit Kindern ist das nur ein kleiner Teil ihres Mammuttagesprogrammes.

Manchmal wünscht man sich die gute alte Zeit zurück, in der man zum kleinen Tante-Emma-Laden um die Ecke ging. Von allen Produkten gab es nur eine oder zwei verschiedene Varianten, wie schön! Kein Entscheidungskampf!

Das Überangebot an Waren und Dienstleistungen kann sehr belastend sein. In vielen Bereichen muss man sich durch einen Dschungel von Angeboten kämpfen. Zum Beispiel, wenn es um die Frage nach einem geeigneten Telefonanbieter geht: Welchen nehme ich? Telekom, Vodafone, UPS, O2, Kabel Deutschland, Tele Columbus ...? Und welches Telefon? I-Phone, Acer, Apple, BlackBerry, Amazon, Huawei, Samsung, Panasonic, Microsoft ...?

In der Schweiz gibt es zahlreiche Krankenkassen mit den verschiedensten Angeboten und auch die Beiträge für die Grundversicherung variieren sehr. Zusätzlich gibt es unendlich viele Möglichkeiten für Zusatzversicherungen mit Alternativbehandlungen jeder Art. Bei der einen Kasse ist eine Zahnbehandlung mit 20 % Beteiligung drin, bei der anderen nicht. Eine zahlt Homöopathie und Phytotherapie, die andere nur Bachblüten und Shiatsu-Behandlungen. Bei der einen ist Auslandsbehandlung möglich, bei der anderen nur eingeschränkt.

Wer reisen möchte, fragt sich nicht nur: Wo will ich hin? Man muss noch zahlreiche andere Entscheidungen treffen: Wo ist es am billigsten, am komfortabelsten, am gemütlichsten, am wärmsten, am schönsten? Wo suche und buche ich?

Bei Trivago, Hotelplan, Expedia, ebookers, Ab-ins-Blaue, Travel24? Oder doch lieber bei Neckermann, Kuoni oder TUI? Tja, und welches Hotel nehme ich? Stunden, nein, Tage verbringen wir am Computer, um uns das passende Angebot auszusuchen.

In vielen Dingen ist unser Leben im Vergleich zu früher einfacher geworden, aber dieser Wust an Auswahlmöglichkeiten stresst uns ungemein. Unser Hirn läuft stets auf Hochtouren. Wir sind ständig gezwungen, Entscheidungen zu treffen, und gleich danach fragen wir uns: Habe ich mich auch richtig entschieden?

In solchen Situationen ist es gut, sich bewusst zu fragen: Was stresst mich am meisten? Und welche Entscheidungen kann ich anderen Leuten überlassen, die sich mit bestimmten Bereichen lieber oder sogar beruflich beschäftigen? So kann ich mich diesem Druck entziehen und die gewonnene Zeit besser für mich nutzen, zum Beispiel, um mehr zu entspannen, einen regenerierenden Waldspaziergang zu machen, einem Hobby nachzugehen, mit den Kindern zu spielen oder andere schöne Dinge zu tun.

Angesichts der Tatsache, dass andere Menschen an Hunger leiden und in absoluter Armut leben, lässt sich dieses Stressproblem, das wir aufgrund eines Überangebotes an Waren und Dienstleistungen haben, natürlich auch sehr stark relativieren ...

Zeitnot ist ein Problem in unserem Alltag, das weit verbreitet ist. Aber auch das Gegenteil kann schwierig sein.

29. Vom Luxus, Zeit zu haben

Nun spreche ich ein Problem an, das nur wenige Leute haben, höchstens vielleicht so mancher Rentner und Menschen wie ich.

Seit meinem Unfall habe ich an manchen Tagen den absoluten Luxus, tun und lassen zu können, was ich möchte (also fast absolut, ich kann ja nicht mehr alles tun, aber immerhin ...). Da fällt mir ein Zitat von Margit Schönberger ein: »Freiheit: Man fragt sich morgens, was man tun soll. Zwang: Man weiß es.«[14]

Allerdings ist es nicht so einfach, auf die Dauer mit so viel Freiheit umzugehen.

Wenn ich an meinem Buch schreibe, macht mir das zwar Spaß, ich habe jedoch das Gefühl, dass es zu zäh vorangeht. Zu lange am Computer ist nicht gut, also stehe ich auf, gehe in den wunderschönen Garten, schaue mich um und freue mich über die Blumen. Obwohl ich immer wieder versuche, zu meditieren, das wäre in der Natur ja auch schöner, fällt es mir unglaublich schwer, weil meine Gedanken unkontrolliert umherhüpfen. Nach spätestens zehn Minuten empfinde ich es als unproduktiv, nur dazusitzen. Ich nehme ein Buch zur Hand, doch nach einer Stunde ist das Lesen zu mühsam. So, nun ist es Zeit, meine täglichen Übungen zu machen, ich bin aber zu schlapp. Also setze ich mich wieder an den Computer. Da ich im Moment keine genialen Ideen habe, korrigiere ich das bisher Geschriebene. Es gibt ständig etwas zu korrigieren. In der Hoffnung, dass ich ein paar nette E-Mails bekommen habe, öffne ich die elektronische Post, und leider ist sie mal wieder leer. Eigentlich könnte mich auch mal jemand besuchen, aber da wir sehr abgelegen wohnen und eh alle so beschäftigt sind, erfüllt sich diese Hoffnung auch selten. Und so kann ich den ganzen Tag meine Freiheit genießen, nur unterbrochen durch Nahrungsaufnahme und Pipigänge oder eben auch nicht.

An solchen Tagen meldet sich eine innere Stimme in mir, die sehr ungeduldig ist. Woher auch immer sie kommt, ich kann sie selten verscheuchen, wenn sie mir vorwirft: »Mann, warst du mal wieder unproduktiv!!!« Ich muss also noch lernen, mich nicht nur dann zufrieden zu fühlen, wenn ich mich bei der Physiotherapie ordentlich auspowere oder wenn ich lange in unserer eigenen Praxis war, weil es doch noch mehr Administratives zu erledigen gab als angenommen. Aber das zu lernen ist nicht einfach. Das braucht Geduld.

Ich dachte, ich hätte mich darin geübt, während all der Geduldsproben in Nottwil: warten auf die Schwester oder auf Arztvisite, aufs Essen, Urinproben, Tabletten, Tee, darauf warten, ins Bett gebracht zu werden, umgelagert zu werden und vieles andere mehr … Ich muss aber leider feststellen, dass ich nur kurzfristig davon überzeugt war, viel geduldiger geworden zu sein. Ich hatte mich getäuscht, warten zu müssen bringt mich immer noch auf die Palme.

Was sagt mir das? »Bleib dran, Corsina!« Es kommt darauf an, dass wir immer auf dem Weg sind, friedvoller mit uns selbst und der Welt umzugehen und uns immer besser zu fühlen mit dem, was wir tun und sind. Das versuche ich immer mehr zu verinnerlichen. Es gibt Momente, in denen das sehr einfach geht, und ich fühle mich glücklich und schwebe ... Dann gibt es diese anderen Momente, in denen mich meine innere Stimme fast anschreit: »Bist du mal wieder unproduktiv!«

Diese Stimme habe ich allzu oft gehört, als wir kürzlich zwei Wochen lang in den Ferien waren. Gianni und ich waren mit unserem Camper unterwegs und wer das Camperleben kennt, weiß, dass es zwar schön, aber mit recht viel Arbeit verbunden ist. Die Aufgaben, die mein Mann und ich uns immer geteilt hatten, muss er nun alleine erledigen und mir bei einigen Dingen auch noch zur Hand gehen.

So ein Camper ist ein unerschöpflicher Arbeitgeber. Es beginnt schon beim Einpacken. Da das Wohnmobil eigentlich wie ein kleines Häuschen ist, denkt man: Na ja, ist ja schon fast alles drin. Aber weit gefehlt! Also beginnt man, die Camperbetten zu beziehen, die Kleider in die Schränke zu räumen, genügend Handtücher und Geschirrtücher herzurichten und im Kühlschrank alles so zu verstauen, dass nichts kaputt geht. Der Wassertank des Campers muss gefüllt sein, das Fahrrad auf dem Hintergestell festgebunden und mit Warnschild versehen werden. Der Scooter wird in den Abstellraum gestellt und fixiert. Und nicht zu vergessen: Der Rollstuhl muss mit! Das dritte Elektrorad zum Anschrauben natürlich auch, denn nur so kann ich selbstständig weitere Strecken hinter mich bringen ...

Am Urlaubsziel angekommen gilt es zuerst, den Camper gut einzuparken (mit über sieben Meter Länge nicht immer ganz einfach), ihn mit Hilfe von Ausgleichkeilen exakt waagrecht hinzustellen, alle Gefährte auszupacken, die Markise

als Sonnenschutz zu installieren, den Plastikteppich auszu-
breiten, Tisch und Stühle aufzubauen ...

Während unseres Camperurlaubs sehe ich täglich, wie
Gianni besser als jede Hausfrau im und um den Camper
herumwirbelt, aufräumt, putzt, die Toilette leert, Abwasser
entsorgt, Einkäufe tätigt, kocht und spült ... Man kann sich
vielleicht ein bisschen vorstellen, wie es mir zumute ist, ihn
ständig in Aktion zu sehen, während ich gemütlich im Schatten auf meinem Stuhl lehne und ein Buch lese. Da braucht
es schon sehr viel OM-Einstellung, um sich nicht wie ein un-
nützes Anhängsel zu fühlen. In diesen Situationen ist es nicht
ganz einfach, »mich gut zu fühlen mit dem, was ich tue und
bin«.

JA, ich hatte ihn gefragt, ob er sich bewusst sei, was ohne
meine Hilfe auf ihn zukommt. Und JA, er liebt das Camperleben und zieht es dem Hotelleben vor. Und JA, er ist immer
sehr aktiv, nicht nur im Urlaub, auch zu Hause ... Aber das
ist nur ein kleiner Trost, wenn ich gerade in meiner Nichts-
nutzfühlphase bin.

Und plötzlich macht es Klick im Hirn und der Schalter legt
sich um: Ich danke Gott, dass ich da sein darf, dass ich mich
immerhin in und um den Camper herum alleine bewegen
kann, dass ich Gianni mit kleinen Dingen zur Hand gehen
kann, dass ich alleine zum Campingrestaurant gehen kann,
um einen Kaffee zu trinken, dass wir viel lachen können, dass
wir gemeinsam zur nächsten mittelalterlichen Stadt fahren
(er mit dem Fahrrad und ich mit dem elektrischen dritten
Rad am Rollstuhl), dass es schönes Wetter ist und dass das
gefährliche Erdbeben unseren Camper nur wackeln, uns aber
unversehrt ließ.

Quintessenz: Es geht immer darum, das zu schätzen, was man tun kann, das zu tun, was man gerne tut, und wenn man nichts tun kann, dann mit gutem Gefühl zu SEIN. Ja, das ist das Schwierigste: SEIN, ohne zu TUN, ohne Aktivität zufrieden zu sein, Pause machen zu können, dasitzen zu können, aus dem Fenster zu schauen, eine Pflanze anzuschauen und eben auch mal den anderen beim Arbeiten zuzuschauen, ohne gleich ein schlechtes Gewissen zu bekommen. Katzen und Eidechsen können auch stundenlang in der Sonne liegen, gute Vorbilder für uns!

30. Toleranz

Tiere können uns überhaupt in so manchem gute Vorbilder sein. Katzen weniger, aber vor allem Hunde sind oft sehr tolerant mit uns. Sie verzeihen uns, wenn sie alleine zu Hause gelassen werden, wenn sie gerügt oder gar geschlagen werden, wenn sie nicht mit uns essen dürfen ... Es braucht nicht viel und schon ist alles vergessen, sie wedeln mit dem Schwanz und schauen uns treu in die Augen. Wir hingegen sind bedeutend weniger tolerant, weder anderen noch uns selbst gegenüber.

So kommt es öfters vor, dass zwei Stimmen in mir ein Streitgespräch beginnen. Die eine ist ungeduldig und will alles sofort von mir, die andere verteidigt mich sanft.

Beispielsweise frage ich mich nach einigen Monaten schöpferischer Pause: »Na, wie lange ist es schon her, dass ich mit der Arbeit an meinem Buch ausgesetzt habe?«

»Zu lange!«, sagt meine ungeduldige innere Stimme gleich und wirft mir das in einem scharfen Ton vor.

Die andere Stimme in mir rebelliert: »Warte auf deine Intuition, wir haben doch alle Zeit der Welt.«

»Ja, aber das ist nun doch ein bisschen lange, drei Monate!«

»Na und?«

»Was heißt da: Na und? Du vergisst, dass du jeden Tag mit deiner wertvollen Zeit planlos umgehst. Du hast so viel Zeit, die sich jeder andere nur wünschen kann!«

»Jaja, ich weiß, aber zum Schreiben benötigt man eben Intuition.«

»Um Intuition zu haben, musst du dir erst mal überlegen, was du zum nächsten Thema schreiben möchtest, und dann musst du dich gefälligst mit dem Thema gedanklich beschäftigen, von nichts kommt nichts!«

»Es gab ja auch noch anderes zu tun und dann waren viele Feiertage. Dir geht's nie schnell genug! Du bist immer am Nörgeln!«

»Was soll denn das? Willst du nun das Buch schreiben oder nicht?«

»Natürlich, aber der eigene Rhythmus muss auch stimmen ...«

Und so geht das hin und her bei meinen inneren Monologen. Wie oft stellen sich diese Streitgespräche der beiden gegensätzlichen Stimmen in mir ein! Die erste Stimme urteilt und fordert mich ständig. Sie ist mein »Diktator« und will Perfektion, Schnelligkeit und Effektivität, kurz: alles, was man braucht, um in der heutigen Gesellschaft gut zu funktionieren. Mein »Diktator« lässt nichts durchgehen. Er ärgert sich, malträtiert mich, urteilt und lässt mich nie in Ruhe. Und nicht nur über mich selbst, sondern auch über andere urteilt er allzu gerne.

Die andere Stimme in mir ist sanft, eine Genießerstimme, der es gefällt, langsam zu tun, behutsam zu sein und nur das zu tun, worauf sie Lust hat.

Ich lerne schon länger, aber vermehrt in den letzten fünf Jahren, immer öfters meiner sanften inneren Stimme zu folgen. Sie ist gütig, ruhig und gelassen. Sie verteidigt mich, wenn die andere mich angreift. Sie lehrt mich, nein zu sagen zum Wort »Du musst«. Wenn mein »Diktator« fordert: »Du musst mehr üben, du musst es selbst schaffen, du musst mehr unternehmen, du musst deine Müdigkeit überwinden, du musst dich mehr bilden, du musst anderen mehr helfen!«, dann hält sie dagegen: »DU MUSST GAR NICHTS! Überlege dir, ob du es wirklich willst, überlege, ob das nicht der übernommene Imperativ deiner Mutter oder deines Vaters ist. Frage dich: Ist es gut für mich? Ist es gut für jemand anderen? Versuche, das Wort ›ich muss‹ durch ›ich kann‹ zu ersetzen, sogar durch ›ich will‹, vielleicht fällt es dir dann leichter. Höre in dich hinein, ob du das, was der Diktator von dir will, machen möchtest oder nicht. Überlege dir: Welche Konsequenzen gibt es, wenn du es nicht machst? Wenn du dir diese Fragen gestellt hast, kann es sein, du gibst ihm recht. Falls nicht, bring ihn einfach zum Schweigen.«

Wenn ich meiner sanften inneren Stimme folge, geht es mir bedeutend besser. Ich werde mir bewusst, was mir Freude macht. Die Dinge, die ich mit Freude anpacke, gelingen mir besser, gehen schneller und sind effektiver. Mit dieser gewonnenen positiven Grundstimmung habe ich mehr Energie und Lust, um die vorher als mühsame Arbeit empfundene Pflicht leichter zu erledigen. Ich fühle mich rundum wohler, weil ich meinen eigenen Rhythmus finde und mich weniger von äußeren Zwängen beeinflussen lasse.

Meine sanfte innere Stimme hält mich auch dazu an, nachsichtiger mit anderen zu sein. Jeder Mensch macht Fehler, allerdings sind die Konsequenzen in manchen Fällen sehr gravierend.

Wenn ein Arzt eine Fehldiagnose stellt, die zum Tod eines

Patienten führt, geschieht es manchmal, dass Freunde oder Verwandte des Verstorbenen mit dieser Geschichte an die Öffentlichkeit gehen. Es ist verständlich, dass sie sich in ihrer Wut und ihrer Trauer nicht in die Lage des betreffenden Arztes hineinversetzen können. gut! Dieser Arzt kann 30 Jahre lang sehr gute Arbeit geleistet und Hunderte von Leben gerettet haben, aber nun hat er einen einzigen fatalen Fehler begangen und ist durch einen Presseartikel in aller Munde, sein Ruf ist ruiniert.

Habe ich mich nicht auch schon bei Patienten getäuscht und deren Rücken behandelt, ohne den Darm als wahre Ursache erkannt zu haben? Also, wer ist denn unfehlbar!

Diese permanente Nachsicht und das Verständnis anderer gegenüber bringt Gianni nicht selten zur Weißglut. Leute, die er kritisiert, nehme ich grundsätzlich in Schutz. Meine Argumente: »Der weiß es eben nicht besser ... die macht es doch nicht absichtlich ... der hat eine schwere Kindheit gehabt ... wir haben ja auch unsere Schwächen ... du kannst doch keine Perfektion verlangen ... sein Vater hat ihn misshandelt ...«

Gianni entgegnet echauffiert darauf: »Du entschuldigst alles und jeden! Du würdest deine eigene Praxis ruinieren, nur weil du Verständnis hast für die Unfähigkeit deiner Angestellten. Du würdest unser Haus ausrauben lassen, weil der arme Einbrecher ja auch von was leben muss. Du kannst dich doch nicht verprügeln lassen, weil du Verständnis hast mit dem Täter, der selbst als Kind mal Opfer gewesen ist?«

Das bringt mich zum Nachdenken: Nun ja, Verständnis für jemanden zu haben heißt nicht, unwillkürlich jede Tat zu akzeptieren. Gewalt darf nicht zugelassen werden! Meine Freiheit hört da auf, wo die Freiheit des anderen beginnt.

Deswegen lasse ich mich auch nicht verprügeln, sondern drohe mit Giannis Vergeltung.

Ja, aber es wäre doch trotzdem schön, wenn man nicht jedem Auto, das einem die Vorfahrt genommen hat, gleich »Arschloch« hinterherrufen würde. Wer weiß, vielleicht ist die Frau auf dem Beifahrersitz gerade dabei, ein Kind zu gebären? Und wenn ein Betrunkener lauthals singend die wertvolle Nachtruhe stört, ist es vielleicht derselbe Autofahrer, der sich nun freut, dass seine Frau ihm gerade einen Sohn geschenkt hat. Und freudestrahlend drückt er jedem, der vorbeikommt, einen Champagner zum Mitfeiern in die Hand ...

»Toleranz« ist ein großes Thema, das mich immer beschäftigen wird, denn wie schön wäre die Welt, wenn alle mit sich und anderen ein wenig nachsichtiger umgehen würden? Es gäbe weniger Mobbing, weniger Familien- und Nachbarschaftsstreits, weniger Rassismus und sicher weniger Kriege.

Bei der Kindererziehung ist es sehr schwierig, die Gratwanderung zwischen zu viel und zu wenig Toleranz zu meistern. Es ist so schön, den Kindern zuzusehen, wie sie sich mit Freude beim Malen ausdrücken. Solange das Kind mit Fingerfarben einen Käfer aufs Blatt malt, freut man sich noch und lobt es. Sobald es jedoch mit viel größerer Freude seinen Hund in Lebensgröße auf die Wand des neu renovierten Wohnzimmers malt, beginnt schon eine kleine Tragödie. Das Kind muss sich mit Weinen, Schreien und Strampeln davon abhalten lassen, seinem doch so wichtigen Spieltrieb nachzukommen. So wird seine Kreativitäts- und Persönlichkeitsentwicklung unterbunden. Bei allen Verboten, die einerseits wichtig sind, um das Kind vor Gefahren zu schützen oder gesellschaftsfähig zu erziehen, wird seine Freiheit und Selbstentwicklungsmöglichkeit permanent eingeschränkt. Tja, es gibt kein Rezept für »Richtig« und »Falsch«, weder bei der Kindererziehung noch bei anderen großen Themen.

Es gibt keine Schwarz-Weiß-Lösung, aber bei jeder Lösungssuche ist es sicher wertvoll, viele verschiedene Denkmodelle, Ansichten und Erfahrungen miteinzubeziehen. Und ich muss ehrlich zu mir selbst sein, bevor ich ein Urteil fälle oder mich für eine endgültige Lösung entscheide! »Toleranz« ist ein Thema, das immer wieder zum Grübeln anregt und Gesprächsstoff für Diskussionen mit Freunden liefert.

31. Also sind wir mal ganz ehrlich

»Ehrlichkeit« ist eine große Tugend, die anzustreben ist, denn jeder wünscht sich einen ehrlichen Partner, Kollegen, Geschäftspartner, Politiker und Freund. Jedoch ist es mit der Ehrlichkeit nicht weit her in unserer Zeit – na ja, vielleicht war es früher auch nicht besser. Man muss nur die Werbung im Fernsehen anschauen und kann sich dabei über die vielen Lügen wundern, die unverbotenerweise verbreitet werden dürfen. Angefangen bei den süßen Kinderriegeln, die gesund sein sollen, bis zu den Antifalten-, Cellulitis- oder Abnehmcremes. Weiter geht es mit den Zeitschriften, die eine Story so reichlich ausschmücken, dass am Ende am Wahrheitsgehalt gezweifelt werden muss. Politik-, Firmen- und Bankenskandale sind an der Tagesordnung. Jede Abmachung muss schriftlich dokumentiert werden, ansonsten traut niemand mehr dem anderen. Ein Wort, das mit Handschlag bestätigt wird, gibt es höchstens noch unter besten Freunden, wenn überhaupt.

Und doch bin ich überzeugt davon, dass fast jeder von sich selbst glaubt, ehrlich zu sein. Wir sind jedoch wesentlich unehrlicher, als wir denken. Klar kann ich meinem Chef nicht ohne Umschweife ins Gesicht sagen, dass er mich gnadenlos nervt, und wenn meine Tante Frida mir voller Freude ein Kölnisch-Wasser-Parfum schenkt, werde ich ihr auch nicht sagen, dass mir davon übel wird. Eine Nachbarin werde ich sicher nicht fragen, wo sie denn diesen schrecklichen Fummel erworben hat. Und bei Freunden fällt es mir auch schwer, Kritik an einem wunden Punkt zu üben ...

Ja, es gibt einfach gesellschaftliche Regeln, an die wir uns halten sollten, wenn wir dazugehören wollen. Deswegen ist ja eine kleine Lüge nicht immer so tragisch, im Gegenteil, in manchen Fällen wirkt sie sogar friedenstiftend. In Italien spricht man dann von einer »weißen Lüge«, das ist sozusagen eine Lüge mit einer »weißen Weste«.

Manchmal kann eine Lüge auch Leben retten wie im Märchen vom Shogun, der seine Kinder am Hof ohne Angst und ohne Unehrlichkeiten erziehen ließ. Doch als es einmal brannte und die Kinder ausgelassen spielten, versprach er demjenigen, der am schnellsten in seine Arme rennen würde, ein Pferd. Alle rannten aus der Gefahr heraus, fragten dann aber enttäuscht: »Wo ist das Pferd?« Die Lüge hatte in diesem Fall Leben gerettet.

Als ich auf der Intensivstation lag, sagten die Ärzte zu Gianni, ich würde eventuell nur die Arme bewegen können, aber die Beine sicher nicht mehr. Er aber – im Wissen, wie wichtig Hoffnung bei der Heilung ist – schwindelte mich an: »Sie haben gesagt, du wirst die Arme sicher bewegen und vielleicht auch die Beine.«

Es ist nicht immer einfach, die richtige Entscheidung zu treffen. Wie viel Ehrlichkeit kann ich jemandem zumuten, ohne ihn zu verletzen? Manchmal bringt mir eine kleine Unehrlichkeit einen Vorteil. Doch wie weit darf ich gehen? Wie groß ist der Vorteil, wie groß der Schaden, den ich eventuell bei anderen damit anrichte?

Manche Unehrlichkeit fällt auf mich selbst zurück. Wenn

ich als geladener Gast etwas lobe, was mir nicht schmeckt, laufe ich Gefahr, dass es mir die nächsten Male wieder vorgesetzt wird. Eine kleine Lüge kann unter Umständen auch zu einem äußerst unangenehmen Lügenberg anwachsen ...

Was meiner Meinung nach am weitesten verbreitet ist, ist die Unehrlichkeit sich selbst gegenüber. Sätze wie der folgende begegnen einem immer wieder: »Ich kann Lästerei überhaupt nicht vertragen, aber hast du schon gehört, die blöde ...«

Auch bei dem Thema »Gewicht« beschummelt man sich gerne selbst. Ich kenne eine Frau, die 90 Kilos auf die Waage bringt und nicht verstehen kann, wie ihre Freundin, die 100 Kilo wiegt, so dick sein kann ... Oder: Eine Rentnerin beklagt sich, dass sie trotz strenger Diät einfach kein Gramm abnimmt. In einem unwichtigen Nebensatz erzählt sie, dass sie sich täglich zum Kartenspielen mit Bekannten trifft und dabei den Erdnüssen einfach nicht widerstehen kann, und wenn sie nachts nicht einschläft, muss sie einen warmen Kakao zu sich nehmen ...

Ich glaube auch von mir, tolerant zu sein, aber wie oft ertappe ich mich bei Gedanken, die schubladisieren oder abwerten? Also, um ganz ehrlich zu sein, ich könnte schon noch ein bisschen toleranter sein.

Es lohnt sich immer, sich mit diesem Thema auseinanderzusetzen, so lernt man die harmlosen Lügen, die zu Harmonie und friedlichem Zusammenleben beitragen, besser zu unterscheiden von Lügen, die den anderen oder uns selbst Schaden zufügen.

32. Meditation

Ich bin der Meinung, dass Meditation eine gute Sache ist. Obwohl ich mir schon länger vorgenommen habe zu meditieren, gelang es mir bislang weder regelmäßig noch effektiv. Effektiv war dabei nur mein anschließendes Einschlafen.

Meditation ist nicht nur eine Spinnerei der spirituellen Szene. In letzter Zeit sind einige Studien gemacht worden, die die Wirkung der Meditation nun auch wissenschaftlich bewiesen haben. Regelmäßiges Meditieren wirkt positiv auf Körper und Geist:

- Die Stimmungslage verändert sich.
- Die Gedächtnisleistung wird besser.
- Die visuelle Aufmerksamkeit verstärkt sich.
- Die Konzentrationsfähigkeit wird erhöht.
- Die kognitiven Fähigkeiten verbessern sich.

Bei der therapeutischen Arbeit mit Mantren gibt es eine Reihe von positiven körperlichen Effekten, wie eine Studie von Herbert Benson an der Harvard Medical School zeigte:[15]

- Der Bluthochdruck der Patienten sank.
- Chronische Schmerzen verringerten sich.
- 75 % der Patienten mit Einschlafstörungen wurden geheilt und konnten wieder normal schlafen – die übrigen 25 % erlebten eine Besserung ihrer Schlafstörung.
- Bei Patienten, die unter Angstzuständen oder leichten

bis mittelschweren Depressionen litten, trat eine deutliche Besserung ein.

- Bei Patienten mit Migräne reduzierten sich die Häufigkeit und Heftigkeit der Anfälle ...
- Ebenso führt Meditation zu einer Verminderung von Angstgefühlen und Müdigkeit und steigert die Fähigkeit zur räumlich-visuellen Wahrnehmung.

Ein Begriff, der im Zusammenhang mit der Hirnforschung immer wieder auftaucht, ist »Neuroplastizität«: Studien haben gezeigt, dass regelmäßige Meditation nicht nur die Aufmerksamkeit und Konzentration langfristig schult, sondern sogar zu sichtbaren Änderungen in den dafür zuständigen Hirnregionen führt ...

Also genügend Gründe für mich, mit dem Meditieren zu beginnen!

Im Oktober 2016 besuchte ich ein Seminar, auf das ich schon lange neugierig war: »SELBSTentwicklung«. Es hatte an sich mit Meditation wenig zu tun, öffnete mir aber die Tür dazu.

»SELBSTentwicklung« ist eine Denk- und Arbeitsweise, die der Psychologe Martin Busch[16] entwickelt hat. Er studierte Politikwissenschaft, Sport und Psychologie. Seine angebotenen Seminare bauen auf Gedanken von Moshé Feldenkrais auf, die Herr Busch für sich weiterentwickelt hat. »SELBSTentwicklung« kann helfen, Probleme wie Verspannung, Stress und Schmerzzustände zu lindern oder zu lösen. Auch sportliche und schulische Leistungen können dadurch verbessert werden und vieles mehr ...

Martin Busch schreibt auf seiner Internetseite *www.selbst-*

entwicklung.eu: »Die Integration von Körperarbeit (Feldenkrais) und Ericksonscher Hypnotherapie mündete im Aufbau einer eigenen Praxis ... Die Praxistauglichkeit meiner aus den Wechselbeziehungen zwischen sozialen, motorischen, emotionalen und kognitiven Prozessen entwickelten Arbeits- und Denkweise ist vielfach belegt.«

Bei den Seminaren zur »SELBSTentwicklung« geht es um das Erforschen und Erweitern eigener Bewegungs- und Handlungsmöglichkeiten. Zunächst möchte ich ein Beispiel für eine praktische Bewegungsübung in meinen eigenen Worten beschreiben: Man bewegt ein Körperteil (zum Beispiel den Kopf) einige Male langsam und sehr bewusst nach rechts und links und spürt nach, wie sich das anfühlt. Dann fügt man eine andere Bewegung hinzu, zum Beispiel die der Augen, die sich in dieselbe Richtung bewegen. Alle Bewegungen immer im Rhythmus des Atems. Nach circa fünf Mal versucht man, die Augen in die Gegenrichtung des Kopfes zu bewegen, und stellt fest, dass dies zunächst nicht einfach ist. Anschließend kann man den Atemrhythmus wechseln, indem man beim Drehen nicht wie zuvor einatmet, sondern ausatmet.

Auf diese Weise sind die verschiedensten Bewegungen kombinierbar. Es geht darum, zu erforschen, wie sich das anfühlt. Man kann nachspüren, welche Kombination leichter geht, welche Wirkung die Bewegung auf die benachbarten Gliedmaßen oder auf die Wirbelsäule hat, wie weit die Bewegung geht, ob sie sich weich oder fest anfühlt, beengt oder weit macht ... Beim Nachspüren ist alles möglich, es gibt kein falsches oder richtiges Spüren. Kein Urteilen, nur Wahrnehmen. Die Betonung liegt auf »Erforschen«, es ist kein »Üben«

im eigentlichen Sinne. Dadurch, dass ich meine ganze Aufmerksamkeit darauf lenke, was ich gerade spüre, bin ich sehr konzentriert und bei mir selbst. Es geht darum, diese Bewegungen immer neu zu kombinieren, was dem Gehirn die Möglichkeit gibt, festgefahrene Bewegungsmuster zu verändern und zu erweitern.

Diese Art und Weise der Bewegungskombination bewirkt bei mir Folgendes: Sie hilft mir, bei mir zu bleiben, mich besser zu fokussieren. Wenn ich dabei meditiere, fliegen meine Gedanken nicht ständig weg. Das Schöne an dieser Technik ist, dass es nicht ein stupides Wiederholen von Übungen ist, sondern immer interessant bleibt und mir beim Erforschen stets neue Erkenntnisse schenkt.

Dabei habe ich Folgendes entdeckt: Sobald ein Muskel schwächer ist, geht die Kettenreaktion der Helfermuskeln sofort los. Nicht nur die umliegenden Muskeln wollen helfen und aktivieren sich, sondern die Bewegung pflanzt sich fort, bis ganz nach oben Richtung Kopf oder nach unten Richtung Füße.

Mein Körper zeigt mir damit ein Prinzip, welches auf vielen Ebenen wirksam ist. Man kann es auch in einer funktionierenden menschlichen Gemeinschaft wiederfinden. Und es scheint auch bei Tieren und sogar Pflanzen beobachtbar zu sein. (Ich verweise in diesem Zusammenhang auf das interessante Buch von Peter Wohlleben: »Das geheime Leben der Bäume«. Bäume kommunizieren miteinander, und wenn einer schwächelt, wird er von allen anderen unterstützt. Wo dies nicht der Fall ist, kränkelt der ganze Wald.)

Bei den Übungen zur »SELBSTentwicklung« ist mir noch etwas anderes bewusst geworden: Allein durch die gedankliche Absicht, eine Bewegung auszuführen, werden die Nerven bereits aktiviert und die Muskeln angespannt. Geistiges Wollen und praktisches Tun sind nicht mehr klar zu trennen, der Übergang ist fließend. Dies wusste ich theoretisch schon lange, bestimmte physiotherapeutische Techniken bauen darauf auf und sind sehr wertvoll. Aber es ist ein interessantes Gefühl, diese Erfahrung am eigenen Körper zu erleben.

Das Erforschen zentriert mich, stimmt mich meditativ. Wenn ich im Innern zentriert bin, bin ich es auch im Außen, also mein Gleichgewicht wird besser.

Ich bin frei, alle erdenklichen Bewegungen zu kombinieren und somit auch das Gegenteil der üblichen, mir geläufigen Bewegungen auszuführen. Alles ist möglich ... viel mehr, als ich dachte, viel mehr, als in meinen Bewegungsmustern angelegt ist. Diese Erkenntnis weitet sich auch auf meine Denkmuster aus. Der limitierende Satz »Das geht doch nicht, das kann ich nicht« wird infrage gestellt und Probleme können einfacher gelöst werden.

Es gibt zahlreiche Wege, um zur Konzentration und Meditation zu gelangen. Ich habe in meinem Leben schon vieles ausprobiert, nichts hat mich bisher so angesprochen wie diese Art und Weise, mich mit mir selbst zu beschäftigen. Jetzt habe ich endlich einen Weg gefunden. »Busch sei Dank!«

Ich möchte an dieser Stelle noch ein paar Gedanken anführen, die sich meine Freundin Iris Schwaibold zu Martin Busch und zu seiner Arbeitsweise gemacht hat:

Entscheidend für meine Weiterentwicklung war es, mit Achtsamkeit mir meine eigenen minimalen Bewegungsmuster bewusst zu machen und passendere Bewegungsabläufe zu finden. Und diese Bereitschaft, auszuprobieren, völlig ergebnisoffen zu suchen, entfaltet ihre Wirkung auf so vielen Ebenen: körperlich, geistig – und dadurch auf menschlicher bzw. gesellschaftlicher Ebene.

Ich habe für mich gelernt, meine Bewegungsabläufe neu wahrzunehmen, alternativ zu ergänzen und auszuprobieren. Dabei waren für mich seine zwanglosen, ›gewaltfreien‹ Kommunikationsvorschläge sprachlich eine wahre Goldgrube!

Der Satz ›Und wie wäre es, wenn …‹ lässt jedem Menschen absolut freien Spielraum für unterschiedliche Aktion bzw. Reaktion.

Variabilität eröffnet für jeden von uns, egal an welcher körperlichen, gedanklichen oder geistigen ›Engstelle‹ er sich befindet, einen Raum für Möglichkeiten, für SELBSTentwicklung!

Keine Angst zu haben ist die Grundlage, um ungehindert lernen und ausprobieren zu können, egal auf welcher Ebene. Das eröffnet die Freiheit, neue Erkenntnisse zu gewinnen und neue Wege zu gehen …

Liebe Corsina, Martin Busch und seine SELBSTentwicklung waren für mich persönlich die interessanteste Entdeckung und die bereicherndste Erfahrung der letzten Jahre.«

... Die Fürstin schrieb und schrieb so lange, bis sie völlig erschöpft war. Da kam ihr wieder, wie so oft, die Erbse in den Sinn, die ihr empfohlen hatte, sich Kraft in der Natur zu holen. Sie ritt also auf ihre traumhafte Wiese. Dort bekam sie Besuch von den guten Feen, die ihr damals im Zauberwald ihre Seele zurückgegeben hatten. Mit ihnen konnte sie sich stundenlang unterhalten. Und währenddessen hatte sie das Gefühl, dass ihr ganzer Körper mit Licht durchströmt wurde. Auf ihrer geliebten Wiese gab es auch andere, kleinere Feen, die in den Blumenblüten wohnten. Mit ihnen musste sie ganz leise reden, denn sie waren sehr schreckhaft. Wenn die kleinen Feen aber zutraulich wurden, umschwirrten sie sie und umhüllten sie mit ihrem wunderbaren Duft. Wieder andere Wesen begegneten ihr in Flüssen oder Bächen, sie musste sie nur anschauen, um kraftvoll aufgeladen zu werden. All diese Wesen kamen aus einer ganz anderen, sonderbaren Welt, aber sie waren gute Freunde geworden, die immer für sie da waren ...

Im Zustand der Zentriertheit habe ich mehr Intuition. Diese eröffnet mir einen Weg in den spirituellen Bereich.

33. Der Glaube

»Religion« ist ein Thema, das nicht nur mich, sondern die ganze Menschheit schon immer beschäftigt hat.

Ich bin in einem sehr katholischen Haus aufgewachsen. Wie schon erwähnt, hatte mein Vater drei Schwestern, die ins Kloster gingen. Weil das selten ist, möchte ich dazu sagen, dass alle drei Frauen mit ihrer Entscheidung glücklich waren und dass ich sie bewundere.

In meiner Kindheit war ich Mitglied in einer katholischen Jugendgruppe mit tollen Freizeitaktivitäten und allem, was dazugehört. Daher habe ich mit der Kirche bessere Erfahrungen gemacht als viele meiner Freunde. Trotzdem habe ich im Alter von 15 Jahren begonnen, die Kirche mit ihren Dogmen infrage zu stellen. Das tue ich heute noch. Da ich als Kind schon eine starke Beziehung zu meinem Gott aufgebaut hatte, war diese Zeit der Zweifel eine äußerst schwierige. Wer sagte mir nun, wie Gott wirklich ist? Alle Regeln, auch Gut und Böse, waren auf den Kopf gestellt.

Mit der Zeit weitete sich mein Gottesbegriff immer weiter aus. Aus dem strengen Mann mit Bart wurde ein abstraktes Wesen, ein Mysterium, nach dem ich auf der Suche bin. Ich wurde schnell gewahr, dass Gott unbegreifbar ist für meinen oder irgendeinen Verstand. Er ist jenseits von allem Vorstellbaren.

Mit dieser Idee fällt es mir manchmal schwer, überhaupt

noch von »Gott« zu sprechen. Dennoch glaube ich fest daran, dass es da etwas gibt, das unser Verstehen absolut übersteigt, also eine Quelle des Ursprungs, die sehr viel weiser ist als die ganze Menschheit mit ihren rationalen Erklärungen. Und da ich mit meinem Verstand niemals an diese Quelle herankommen werde, versuche ich es mit meinem Gefühl.

Ich habe aus Nostalgie das Beten beibehalten, das mir immer noch viel Kraft spendet. Es gibt ganz spezielle Momente beim Beten, bei der Meditation oder auch nur in einem kurzen Glücksmoment, in denen ich mich dieser Quelle nahe fühle. Dann weiß ich, dass es etwas Göttliches gibt.

Dass wir das Leben nach dem Tod im Paradies, im Fegefeuer oder in der Hölle verbringen, wie dies in der christlichen Religion bildhaft dargestellt wird, kann ich mir nicht vorstellen. Die Symbole sind jedoch eine gute Metapher für die Zustände, die wir auf der Erde jetzt schon erleben. Nach dem Tod geht es meiner Ansicht nach trotzdem in irgendeiner Form weiter. Ich glaube, dass der ureigenste Kern unserer Persönlichkeit weiterhin Erfahrungen machen wird, in anderen Dimensionen oder Welten, wie auch immer diese aussehen mögen.

Vielleicht, warum auch nicht, komme ich noch mal in diese Welt zurück, in einem anderen Körper oder in einem anderen Umfeld. (Dann werde ich sicher Schauspielerin ... oder sogar Prinzessin?) Wir wissen es nicht, aber ich denke, dass es das nicht einfach gewesen sein kann. Unser Leben auf dieser Erde ist sehr kurz und unsere Erkenntnis über den wahren Ursprung des Menschen und der Natur erschreckend gering. Die Entstehung neuen Lebens ist für mich ein Wunder, das kein Naturgesetz letztendlich erklären kann.

In der spirituellen Szene gibt es schöne Gedanken über das Göttliche, die mir gefallen und die ich nun versuche, mit eigenen Worten wiederzugeben:

Das Göttliche wird mit Licht und starken Schwingungen verglichen ... Licht gibt uns Leben und Wärme.

Das Licht strömt wie ein Fluss ständig und ewig. Es hängt in jedem Moment von uns ab, ob wir uns von diesem Fluss mitnehmen lassen wollen oder nicht. Steigen wir ein, dann sind wir im »Flow«. In vielen Momenten des Lebens ist es meine eigene Entscheidung, ob ich mich vom Licht bescheinen lasse oder nicht. Je bewusster ich lebe, desto mehr erkenne ich, dass ICH es bin, die entscheidet, wie es mir geht. Je mehr ich mich selbst und meine Mitmenschen akzeptiere, desto näher fühle ich mich diesem Licht.

Das Göttliche und wir sind eins, es hat uns erschaffen, um sich selbst zu erfahren. Da wir Teil des göttlichen Ganzen sind, sind wir ebenfalls Schöpfer.

Oft unterschätze ich meine Schöpfergabe. »Schöpferisch sein« heißt, etwas zu erschaffen. Seit dem Unfall habe ich gelernt, dass Erschaffen nicht immer mit manueller Arbeit zu tun haben muss, sondern sehr vielseitig sein kann. Zum Beispiel kann man auch ein geistiges Produkt erschaffen: ein Buch schreiben, ein Theaterstück verfassen, Musik komponieren, Geschäftsideen oder sonstige Ideen entwickeln, oder einfach eine gute Atmosphäre schaffen ...

Für manche hört sich das vielleicht absurd an, aber mir gefällt dieser Gedanke: Wenn ich mir wirklich vorstelle, »Schöpfer« zu sein, dann gibt mir dies ein wunderbares Gefühl und die Kraft, mein Leben so zu gestalten, wie ich es will. Ich spüre dann die Kraft, in meiner nächsten Umwelt etwas zum Positiven zu verändern, und die Kraft, über mich hinauszuwachsen.

Eckhart Tolle beschreibt in seinem Buch »Jetzt! Die Kraft der Gegenwart«[17], wie wir unser Selbst meist auf unseren Verstand und auf das, was wir verstandesmäßig von uns denken, reduzieren. Der Verstand geht in die Vergangenheit oder in die Zukunft, er verweigert sich, in der Gegenwart zu verweilen. Alles wird von ihm eingeordnet, abgeschätzt und beurteilt. Unsere Seele ist aber sehr viel größer als unser Verstand. Der Seele kommen wir näher in der Gegenwart. Im Jetzt liegt der einzige Moment, in dem wir wirklich leben. Die Vergangenheit ist vergangen und die Zukunft noch nicht da. Wir schränken uns ein, wenn wir uns selbst über das definieren, was wir in der Vergangenheit waren, und die Zukunft flößt uns Angst ein. Nur in der Gegenwart können wir etwas verändern. Sie gibt uns die Möglichkeit, uns neu zu erfinden.

Mir gefällt die Vorstellung sehr, von Engeln unterstützt zu werden, die eine Art Verbindungsglied zum Göttlichen sein können. Man findet Engelwesen fast in allen Religionen. Sie werden beschrieben wie höher schwingende Lichtwesen mit Bewusstsein, die wir normalerweise nicht wahrnehmen können. Es fällt mir leichter, in Gedanken mit ihnen Kontakt aufzunehmen, sie sind für mich manchmal spürbarer und konkreter als das Göttliche, das meinen Verstand übersteigt.

Glaube versetzt Berge! Eckart von Hirschhausen beschreibt in seinem Buch »Wunder wirken Wunder«[18], wie wichtig der Glaube an ein Medikament, an einen Arzt, an ein Mittelchen oder auch an ein Placebo ist, um den Genesungsprozess zu ermöglichen. Wenn also der Glaube an ein Placebo gesund machen kann, warum nutzen wir nicht unseren Glauben an uns und die Menschheit, um eine bessere Welt zu erschaffen?

Letztendlich ist es aber gar nicht wichtig, ob jemand glaubt oder nicht. Die Welt wird schöner, wenn wir lernen, alle Lebewesen auf der Erde und auch uns selbst zu respektieren oder gar zu lieben.

… Immer, wenn die Fürstin kraftvoll, von der Natur aufgetankt, zum Schreiben zurückkehrte, gab es vieles zu korrigieren. Es fiel ihr schwer, eine zeitliche oder thematische Abfolge in ihr Buch zu bekommen. Es wurde ein Mix von Biografie, Geschichten, Lebensphilosophie, Reisebericht und Gedanken über diverse Themen. Bei allem Ernst und aller Tiefe mancher Kapitel war es ihr wichtig, dabei stets eine gewisse Leichtigkeit beizubehalten. Denn eigentlich war sie eine fröhliche Person, sie liebte es, zu lachen und herumzualbern, auch über mancherlei Dialekte, vor allem über die Besonderheit von verschiedenen Mentalitäten, der italienischen und der deutschen …

34. Ein bisschen italienisches Flair ...

Mit Italienern im Gespräch

Normalerweise mag ich keine Verallgemeinerungen. Aber ich kann nicht umhin, festzustellen, dass es eine typisch deutsche und eine typisch italienische Mentalität eben doch gibt.

Am drastischsten ist mir dies zu Beginn meiner Tessiner Zeit aufgefallen. In Cademario, wo ich zuerst arbeitete, hatten wir vier Behandlungsbetten, die mit Vorhängen getrennt waren, und jeder hörte, was der andere sagte. Zwei Nachbarbetten waren von uritalienischen Therapeuten besetzt. Das wäre filmreif gewesen. Oft ging es zu wie auf dem Markt. Und da es bei Italienern üblich ist, aus einer Mücke einen Elefanten zu machen, konnte man sich über ein lustiges Ereignis herzlich und lange amüsieren, weil dazu gleich eine Geschichte erfunden, weitergesponnen und aufgebauscht wurde. Die beiden Therapeuten konnten eine herrlich gute Laune versprühen.

Leider jedoch passierte das Gleiche, wenn ein unerfreulicher Anlass diese beschriebene Kettenreaktion des Aufbauschens auslöste. Bei einer kleinen Meinungsverschiedenheit, die bei Deutschen schnell gelöst wäre und mit höchstens drei Wortwechseln ausgestanden wäre, konnten die beiden sich derart polemisch ereifern, dass es nötig war, nach einer halben Stunde einzugreifen und sie zur Ruhe zu bringen.

Dieses leicht erhitzte Temperament ist auch bei italienischen Talkshows im Fernsehen zu beobachten. Es gibt keine politische oder sonstige Gesprächsrunde, die nicht sehr engagiert, angeheizt und mit der Zeit immer lauter und polemischer geführt wird. Zu allem gesellt sich stets ein kategorisches Nichtzuhören. Da alle durcheinanderreden bzw. -schreien, kann man dem Dialog nicht mehr folgen und die einzige Möglichkeit, sich vor dem Chaos zu retten, ist UMSCHALTEN.

Wenn ich in Gesellschaft von zehn bis zwölf Süditalienern beim Familienfest bin, darf ich nicht an Migräne leiden, und es wäre vorteilhaft, vorher ein paar Tage ausgespannt zu haben. Beim Eintreten zähle ich zuerst die Anwesenden, denn gefühlsmäßig sind nicht zehn, sondern 50 Leute am Reden. Ich setze mich und unterhalte mich mit meiner Tischnachbarin, da mischt sich gleich die andere ein. Und dann noch zwei, drei weitere Personen. Alle geben ihren Kommentar ab, ich auch, aber in kürzester Zeit verläuft sich das Gespräch und jeder spricht über ein anderes Thema. Einer versucht, den anderen zu übertönen, weil sein Beitrag ja wichtig ist, und ich will meine Meinung natürlich auch kundtun. Aber ich merke sofort, dass weder meine Nachbarin noch jemand anderer mir zuhört. Mit Erstaunen stelle ich fest, dass ich nicht die Einzige bin, der nicht zugehört wird, sondern eigentlich keiner dem anderen zuhört. Ich scheine jedoch die Einzige zu sein, der das auffällt. Dann lehne ich mich zurück und amüsiere mich köstlich über die wunderbare italienische Selbstgesprächsführung.

Die kommunikative Art der Italiener ist ja ihre große Stärke, und auch deswegen gehen wir alle doch so gerne nach

Italien. Nicht nur auf dem Markt, sondern überall, wo man Interesse zeigt, wenn man auch kein Wort Italienisch kann, versuchen sie, einen ins Gespräch zu verwickeln. Manchmal merken sie, dass man sie nicht versteht, und manchmal eben auch nicht, aber das tut ja nichts zur Sache, es wird munter weitererzählt …

Das erinnert mich noch mal an Cademario. Am meisten musste ich lachen, wenn ein Kollege mit ein paar Worten Deutsch die deutschen Patienten glauben machte, er würde sie verstehen. So begann ein Patient vom Fußball zu sprechen und der Kollege antwortete: »Ja, guuuut«; in Italienisch fuhr er fort, über das vermeintliche Thema »Wetter« zu reden. Jeder blieb bei seinem Thema. Beide hatten stets das Gefühl, den anderen perfekt zu verstehen, zwischendurch versicherten sie sich immer wieder gegenseitig mit einem verständnisvollen »Ja, ja«, »So, so«, »Ja, schööön«, »Oioioi«. Nur ich verstand, dass sie völlig aneinander vorbeiredeten, und hatte Mühe, nicht laut loszulachen. Ich ließ sie jedoch in ihrem Glauben und beide verabschiedeten sich fröhlich voneinander mit einem Klaps auf die Schulter, wie echte Freunde eben.

Reichhaltige Speisen

Ist man bei Italienern zum Essen eingeladen, ist davon abzuraten, weniger als fünf bis sechs Stunden vorher etwas zu sich zu nehmen. Als guter Deutscher darf man bei den Antipasti (Vorspeisen) nicht denken, man sei zum Vesper eingeladen und das sei schon alles. Aber auch, wenn man weiß, dass dies erst der Beginn ist, muss man sehr auf der Hut sein, damit einem nach dem ersten überfüllten Teller nicht ein zweiter gefüllt wird. Wenn man nicht wie ich gelernt hat, den Teller frech wegzuziehen oder mit aller Gewalt die Hände schützend darüberzuhalten, passiert es nicht selten, dass er ohne Einverständnis wieder gefüllt wird. Diese Prozedur wiederholt sich bei jedem der anschließenden fünf Gänge.

Nach der Vorspeise gibt es il primo (meist ein Nudel- oder Reisgericht mit guter Soße), dann il secondo (Fleisch oder Fisch mit Kartoffeln oder Gemüse, dann Salat). Notabene: Zu allen Gängen gibt es Brot.

Beim Dessert denkt man, man hätte es geschafft, aber weit gefehlt! Dann kommt Obst und später noch Käse auf den Tisch. Für die Überlebenden gibt es zum Schluss, Gott sei Dank, noch einen Grappa. Der bringt dann alles wieder in Ordnung, oder auch nicht!

Man muss natürlich sagen: Wenn man Strategien entwickelt hat, sich vor Übermästung zu schützen, und ein Genießer ist, kann man sich nichts Besseres vorstellen, als von Italienern eingeladen zu werden.

Strandverhalten im Süden

Am Lidoeintritt trifft sich selten ein Pärchen allein, meist rückt die ganze Großfamilie an. Alle sind vollbepackt. Jedem, auch dem noch o-beinigen Kleinkind, wurde etwas von dem später aufzubauenden Improvisationsküchenwohnzimmer in die Hand gedrückt.

Mit viel Geschäftigkeit werden die Klappstühle, Liegestühle und Sonnenschirme aufgebaut, von Schirm zu Schirm werden Tücher gespannt, um den Babys Schatten zu spenden. Dann folgt der Tischaufbau mit Tischtuch und sofortigem Getränkeangebot, das jeder schwitzend und schnaufend gerne entgegennimmt. Die Kleinkinder werden ausgezogen und gleich mit Sonnenöl eingerieben, dann widmen sich die Männer mehr oder weniger den Kleinkindern oder beginnen auch gleich Karten zu spielen.

Das Kinderhüten wird bald den nächstgrößeren Nichten oder den Omas übertragen. Die Mamas und die kleinen dicken Zehnjährigen kümmern sich sofort um die zahlreichen Gefrierboxen. Dort, oh Wunder, passt fast der ganze Kühl- und Gefrierschrankinhalt von zu Hause hinein. Den Dickerchen wird ohne Fragen eine Kindermilchschnitte, ein Schokoriegel oder Gummibärchen in den Mund gesteckt. Dann ziehen sich auch die Mütter strandgerecht um und liegen höchstens eine Viertelstunde im Liegestuhl, bis der Erste schon fragt: »Was gibt's eigentlich zu essen?«

Schon springt die Erste auf und fragt, ob er nur ein Panino haben wolle oder schon die Pasta. Er möchte nur ein Panino. Angezogen vom daraufhin gereichten Brötchen kommt einer nach dem anderen, und dann ist auch schon Essenszeit. Der Tisch wird aufwendig gedeckt mit allerlei Vorbereitetem: Pasta mit Tomatensoße, Hähnchenschlegel, gegrillte Zucchini und Auberginenschnitten, in Teig gebackene Salbeiblätter, Gemüsetortenstückchen ... Wir Deutschen trauen unseren Augen nicht ...

Und während die einen noch davon essen, fragen die anderen schon nach dem Nachtisch. Da holt die nächste Mama aus der Nachtischkühlbox verschiedene Eissorten, Pudding und Joghurt. Manchen reicht auch Obst ... und dazu allerlei süße Säfte, kaltes Bier oder Cola.

Anschließend wird zwei Stunden geruht, weil Schwimmen nach dem Essen gefährlich wäre. Aber eigentlich nicht so richtig, denn bei dem Lärm, den die Kinder veranstalten, kann ja doch niemand schlafen. Die Omas stehen die ganze Zeit knietief im Wasser und quasseln miteinander, zwei Kinder spielen fünf Minuten Badminton und der Rest spielt mit dem Handy oder telefoniert lautstark. Und dann ist es ja auch schon bald Zeit zum Gehen, denn es muss wieder abgebaut werden.

Zu Hause dann schnell die Kinder duschen, sich umziehen und nicht zu vergessen das Essen für den nächsten Tag vorbereiten. Was für eine Erholung!

Dresscode

Als ich noch in Deutschland lebte, war es gang und gäbe, dass ich bei Festen wegen meiner schickeren Kleider etwas komisch beäugt wurde. Ich fühlte mich eindeutig overdressed. Das ist mir im Tessin oder in Italien noch nie passiert. Im Gegenteil! Für meine Verhältnisse war ich ganz hübsch hergerichtet, aber im Vergleich mit den anderen Gästen stets underdressed.

Ohne ein Minimum an Styling habe ich mich nur ein Mal nach Lugano-City getraut, dann ist mir das nie wieder passiert, denn ich fühlte mich wie das Mädchen vom Land, was mir sehr unangenehm war. Dort ist man umringt von perfekt durchgestylten Businessleuten. Es ist mir schleierhaft, wie die Sekretärinnen, Bankangestellten, Managerinnen, oder wer auch immer sie sind, im Winter mit Seidenstrümpfen und in High Heels ihre Besorgungen machen können, nur mit Tailleur und einem leichten Mäntelchen bekleidet. Dieselben sind aber auch fähig, im Sommer bei 33 Grad ihre schicken Kostümjäckchen anzubehalten, weil es sich nicht schickt, diese auszuziehen.

Die Jugendlichen sind zwar moderner angezogen, mit aufgerissenen Jeans, aber die Haare top gepflegt, außerdem sind sie stark geschminkt und tragen künstliche Nägel in allen Farben. Am besten gefallen mir die alten Damen über 80, die sich, frisch vom Friseur kommend, mit blond gefärbten Haaren, etwas zu viel Make-up und Lippenstift im Gesicht, aber perfekt gekleidet, mit ihren Altersgenossinnen zum Kaffeetrinken treffen. Früher konnten sie dazu noch ihre

Zigarette rauchen. Und nicht zu vergessen: die wie aus dem Ei gepellten Banker oder Versicherungsagenten, deren Anzug perfekt sitzt, Lackschuhe neu und Krawatte hochgebunden. Aktenköfferchen tragend, schlendern sie in Dreier- oder Vierergruppen und lassen im angesagtesten Restaurant am Platz das Meeting noch mal Revue passieren.

Abschließend gibt es zu sagen: Ein bisschen was von dem Chic der Italiener könnten sich die deutschen »Birkenstock- und Rockträgerinnen« oder die »weiße Socken- und Sandalenträger« schon abschauen, das würde uns nicht schaden. Im Gegenteil, dann wären wir in ihren Augen wenigstens nicht mehr die am schlechtesten gekleidete Nation.

Über die typisch deutsche Mentalität lasse ich mich jetzt nicht aus, darüber gibt's ja den wunderbaren Film »Man spricht Deutsh«. Zusammenfassend möchte ich sagen, dass jede Nation Sonnenseiten hat und andererseits eben auch ihre »Meedala« (Eigenheiten, Marotten), wie man auf gut Schwäbisch sagt.

… Von der lebendigen Mentalität der Italiener war sie schon immer fasziniert. Deswegen hatte sie sich vor langer Zeit in ihren italienischen Prinzen verliebt. Sie träumte vor sich hin und erinnerte sich an die schwierige Zeit des Anfangs ihrer Liebe. Sie hatte damals große Angst, ihrem Geliebten in das ferne, fremde Land zu folgen. Plötzlich sah sie ganz deutlich vor sich, wie damals wie von Geisterhand eine Erbse in ihre Hände gelegt worden war. Die Erbse verwandelte sich langsam in eine wunderschöne Perle, deren Anblick sie verzückte. In dem Moment hatte sie gespürt: Wenn sie ihrer Liebe nicht folgen würde, käme es einem Wegwerfen dieser edlen Perle gleich. Ohne

weitere Zweifel entschied sie sich für ihren blauen Prinzen und nahm ihn zum Gemahl. Sie liebten sich über alle Maßen, denn er trug sie von Anfang an auf Händen … Jetzt endlich fiel es ihr wie Schuppen von den Augen, die Erkenntnis: Die Erbse war nicht da, um ihr das Leben schwer zu machen. Sie war immer da in Zeiten des Umbruchs. Der Stolperstein sollte zum Nachdenken anregen, zum Umdenken oder zu einem Neuanfang motivieren. Nun war sie der Erbse dankbar für all die Zeichen, die sie im Laufe des Lebens von ihr erhalten hatte …

35. Gianni, il mio grande amore

Eine Eigenschaft gefällt mir an den Italienern und ganz besonders an Gianni sehr: Mit ihrer Fantasie und Kreativität gestalten sie das Leben stets bunt und überraschungsreich. Wann immer wir unterwegs sind und irgendwo leerstehende Räume sehen, malt sich Gianni in Gedanken schon ein geeignetes Physiostudio aus und kalkuliert, wie viele Kabinen Platz darin hätten, wie viele Parkplätze zur Verfügung stehen würden, wie attraktiv der Standort wäre ... Aus einem alten heruntergekommenen Haus zaubert er gedanklich ein kleines Juwel: Man müsste nur ein bisschen renovieren, hier eine kleine Traubenlaube, dort ein Rosengärtchen und aus den winzigen Zimmern eine Wohnküche machen. Aus einer alten Fabrik entsteht ein Luxushotel, auf einer verknorzten Eiche ein Baumhaus und jeder abgestellte Bus kann zu einem Campingbus umgebaut werden.

Gianni hat den Traum, eine kleine Pension am Meer zu betreiben, mit Aktiv- und Wellnessangeboten: Reiten, Fahrrad fahren, geführte Wanderungen mit Kräuterkunde, Pilze sammeln, Massagen, Physiotherapie, mit einem Fischkutter auf Fischfang gehen, abends die Gäste mit den mitgebrachten Lebensmitteln bekochen und dazu den Wein der Gegend kredenzen.

Er fantasiert nicht nur und hängt unmöglichen Träumen nach, sondern setzt seine Ideen, wann immer möglich, in die

Tat um. Mit diesem Tatendrang hat er unsere Wohnung erstanden und in Windeseile alles organisiert, was nötig war, um meine Rückkehr in ein hübsches und gleichzeitig behindertengerechtes Zuhause zu ermöglichen.

In der Zeit, als ich in Nottwil war, besuchte er mich jeden Mittwoch und jedes Wochenende. Dienstags und freitags kam er erst mitten in der Nacht an, weil er vorher noch Karatestunden gab und die Autofahrt gute zwei Stunden in Anspruch nahm. Nachdem er mich begrüßt hatte, ging er in unseren Camper auf dem nahe gelegenen Campingplatz, um zu schlafen. Einmal erfror er fast, denn das Gas für die Heizung ging mitten in der Nacht aus und er schlief fest und träumte, dass es kalt war. Wie durch ein Wunder wurde er noch wach, bevor es zu spät war! Durchgefroren, wie er war, musste er raus in die Kälte, um die Gasflasche zu wechseln.

Während ich die Therapien besuchte, wusch er meine wichtigsten Wäscheteile von Hand. Wenn er da war, mussten die Krankenschwestern nur noch die Morgentoilette machen, den Rest übernahm er. Zu Beginn musste ich noch gefüttert werden und er kratzte mich, wo es nötig war, befreite mich von lästigen Schnaken, salbte meine schmerzenden Schultern ein, lagerte mich um, reinigte mir Ohren und Nase und ließ sich sogar das Katheterisieren zeigen.

Bei Kälte insistierte er darauf, an die frische Luft zu gehen, weil sie mir gut tun würde. Kaum zu glauben, wie lange das Anziehen im Winter dauert, vor allem bei mir mit meiner »Verfrorenheit«. Vom Spaziergang zurück, eilte er zum Kaffeebuffet, suchte mir eine leckere Süßigkeit aus und brachte einen heißen Tee, um mich vor einer Erkältung zu bewahren.

Im Sommer machten wir kleine Ausflüge in die nächstgelegenen Städtchen zum Schaufensterbummel und Eisessen, oder wir gingen an den nahe gelegenen Sempachersee. Zweimal fuhren wir sogar Tretboot. Er wollte mir alles Machbare ermöglichen, damit ich mich so »normal« wie möglich fühlte.

Was mich heute noch traurig macht, ist, dass er zu Hause oder im Camper aufwendig für mich kochte, um mir erfreut sein Gericht zu servieren, und ich nach zwei Gabeln schon nicht mehr essen konnte. Nach dem Unfall litt ich auch oft an Appetitlosigkeit.

Nach zwei Monaten in Nottwil lernten wir eine neue Patientin kennen, die ebenfalls vom Tessin kam. Sie war kurz vorher gerade mal 18 Jahre alt geworden und hatte nach einem Unfall gelähmte Beine (Paraplegie). Unser schreckliches Schicksal verband ihre Familie (Mutter, Schwester) und Freunde mit uns beiden. Ihre Mutter hatte eine kleine Wohnung im Nebenbau des Zentrums gemietet. Dort verbrachten wir so manch schönen Samstagabend, an dem wir eingeladen waren und Gianni mit ihrer Mutter gemeinsam kochte. Bei den heiteren Abenden rückte unser Leid in den Hintergrund und wir genossen sehr die Gemeinsamkeit. Daran denken wir heute noch gerne zurück.

Als Gianni mir die Wohnung beschrieb, die ein Teil eines Ferienhauses war, wusste ich sofort, welches er meinte. Eines der schönsten Häuser von Bosco Luganese, in einem spanisch anmutenden Stil, weiß, mit Bogenverzierungen – das hatte mich immer schon fasziniert. Der Verkauf war mit anfänglichen Schwierigkeiten verbunden, die man nach und nach lösen konnte. Und als er in der Ärzteversammlung in Nottwil zuversichtlich verkündete, dass der Umbau der Wohnung zu meinem Entlassungstermin in fünf Wochen fertig sein würde, wurde geschmunzelt und diese Erwartung als unrealistisch abgetan. Ich weiß heute noch nicht, wie er es fertigbrachte, das Bad umbauen zu lassen, die Böden auszuwechseln, den Küchenschrank zu verkleiden, Fenster zu streichen, den Garten von dschungelartigen Gewächsen und Wurzeln zu befreien, das Dach und die unteren Außenwände zu isolieren, die Außenseite mit dem Dampfstrahler zu reinigen, einen Dreistufenlift einzubauen, den Umzug zu organisieren und die Einrichtung funktionell, gemütlich und vor allem nach meinem Geschmack zu gestalten. Normalerweise dauert eine banale Fensterbestellung schon alleine fünf Wochen. Natürlich hat er den Handwerkern Druck gemacht und gedroht, sie fristlos zu kündigen, wenn sie ihm nicht versprachen, das eigentlich Unmögliche möglich zu machen ...

Und so war, wider Erwarten, bei meiner Rückkehr aus der Reha alles bereit und die Freude riesig. Ein großes Begrüßungsfest wurde organisiert.

Neben den Umbauarbeiten musste auch ein Ersatz in der Physiotherapie-Praxis für mich gefunden und eingearbeitet werden. Giannis Tochter konnte die Büroarbeit übernehmen, er selbst musste 100 % arbeiten und zweimal pro Woche Karatestunden geben ... Mit zwei wöchentlichen Besuchen bei mir in Nottwil und der großen Trauer um unser Schicksal ist es mir immer noch schleierhaft, wie ein Mensch diesem Druck standhalten kann, ohne verrückt zu werden. Für mich besitzt er übermenschliche Kräfte!!!

Ja, Gianni ist das Beste, was mir im Leben passiert ist.

… Der Gemahl der Fürstin versuchte sie davon zu überzeugen, an den Ort zurückzukehren, wo sie so bös gefallen war. Er war felsenfest davon überzeugt, dass sie dort einen Teil der Kraft wiederfinden würde, die sie damals verlassen hatte. Nach anfänglichem Zögern willigte sie ein und sie machten sich auf den Weg zum Schicksalsort. Da geschah etwas ganz Besonderes: Die Fürstin entdeckte die Erbse, auf der sie nach dem Sturz so ungemütlich gelegen hatte. Diese verwandelte sich in eine Wunderlampe, die den beiden drei Wünsche gewährte.

Mit Freuden nahmen sie das Angebot an, und ohne zu überlegen, sprudelte es aus beider Munde: »Wir wollen zusammen glücklich sein in alle Ewigkeit!« Ihr zweiter Wunsch war, die Fürstin möge ganz alleine, ohne Krücken, gehen können, und der dritte: ein Schlösschen am See. Bevor sie sich bei der Wunderlampe bedanken konnten, schrumpfte diese wieder zu einer Erbse zurück. Die Fürstin hielt sie ehrfürchtig, wie einen Schatz, in ihren Händen.

Freudestrahlend kehrten sie nach Hause zurück und in gar nicht allzu langer Zeit wurde ein Wunsch nach dem anderen wahr. Glücklich zusammen waren sie schon und der Prinz fand tatsächlich ein Häuschen am See, das er in einen Palast verwandeln ließ. Es war kaum zu glauben, aber die Schritte der Fürstin wurden von Tag zu Tag sicherer, bis sie bald ohne jegliche Hilfe gehen konnte. Ein Wunder war geschehen.

SIE KONNTE GEHEN!

Die Fürstin und ihr Prinz pflanzten die Erbse an einem besonders schönen Ort ihres Gartens ein und siehe da, sie wuchs prächtig heran mit unendlich schönen und zahlreichen Blüten, die von vielen Gästen bewundert wurden, und alle erfuhren die Geschichte der wundersamen Erbse. Bald kannte jeder im Land die Geschichte der Fürstin auf der Erbse. Das freute das Paar und es wünschte sich, dass alle Leute eine Erbse bekamen, und verteilte bei der jährlichen Ernte die Früchte im ganzen Lande.

Und so lebten sie noch viele Jahre glücklich und zufrieden miteinander und feierten mit ihren Freunden und Bekannten noch zahlreiche rauschende Feste.

Und wenn sie nicht gestorben sind, dann leben sie noch heute …

Tatsächlich haben wir ein Haus in der Nähe des Sees gefunden, das weniger abgelegen und bedeutend einfacher zu erreichen ist. Der Unfall hat uns noch mehr zusammengeschweißt, wir sind glücklicher denn je, und das freie Gehen ist tatsächlich unser dritter Wunsch, der noch wahr werden kann. Denn Wunder werden wahr und manchmal auch Märchen ... (Um es mit den Worten von Mary Poppins zu sagen: *Anything can happen if you let it ...*)

Mit diesem Buch möchte ich die Gelegenheit nutzen, anderen bei zu stehen. Deswegen, wenn sie Fragen haben in Bezug auf gesundheitliche Probleme bei Para- oder Tetraplegie, oder Hilfe suchen beim Bewältigen Ihres persönlichen Schicksals , auch unabhängig von Krankheiten, stehe ich Ihnen gerne zur Verfügung. Meine e-mailadresse:

info@corsinafuerst.ch

Meine website:

www.corsinafuerst.ch

Dort finden Sie noch mehr meiner Bilder

Nachweise

1. Altaras, Adriana: Titos Brille, die Geschichte meiner strapaziösen Familie. Köln 2011 (Kiepenheuer & Witsch).
2. Weiner, Christine: 30 Songs und eine Frau. Berlin 2015 (Ullstein).
3. Walsch, Neale Donald: Gespräche mit Gott. Teil 1. München 2006 (Goldmann). S. 37.
4. Ebd. S. 42 f.
5. »Paradoxe Intention«, Auszug aus einem unveröffentlichten Unterrichtsskript meiner Freundin Christine Pawel-Harr über Viktor Frankl. S. 57.
6. Morelli, Raffaele: Dimagrire senza dieta. Il metodo psicosomatico. 2011 (Mondadori).
7. Greco Bernardino ist ein franziskanischer Pater, Initiator von San Masseo und La Romita (http://www.la-romita.net/, Abrufdatum: 15.07.2018).
8. Malcantone: Region im Tessin. Zitiert nach: https://www.tiscover.com/ch/reiseziele/malcantone (Abrufdatum: 15.07.2018).
9. B&B La Nave, https://www.lanave.ch/ (Abrufdatum: 15.07.2018).
10. Faulstich, Joachim: Das Geheimnis der Heilung. Wie altes Wissen die Medizin verändert. München 2010 (Knaur MensSana).
11. Auszug aus einem unveröffentlichten Unterrichtsskript

meiner Freundin Christine Pawel-Harr über Viktor Frankl. S.54.

12. Canfield, Jack/Switzer, Janet: Kompass für die Seele. So bringen Sie Erfolg in Ihr Leben. München 2005 (Goldmann).

13. Margit Schönberger: Don't worry, be fifty. Be happy, be fifty. Doppelband. Augsburg 2010 (Weltbild).

14. Ebd. S.280.

15. Siehe dazu Pfitzer, Thomas: »10 Gründe für Meditation – Ergebnisse der Hirnforschung«, https://mymonk. de/10-gruende-fur-meditation-ergebnisse-der-hirnfor-schung/ (Abrufdatum: 15.07.2018).

16. Busch, Martin: »SELBSTentwicklung«, https://www. selbstentwicklung.eu/praxis/martin-busch/ (Abrufdatum: 15.07.2018).

17. Tolle, Eckhart: Jetzt! Die Kraft der Gegenwart. 9. Auflage, Sonderausgabe. Bielefeld 2016 (J. Kamphausen).

18. Von Hirschhausen, Eckart: Wunder wirken Wunder – Wie Medizin und Magie uns heilen. Reinbek bei Hamburg 2016 (Rowohlt).

Bibliographie

Altaras, Adriana: Titos Brille, die Geschichte meiner strapaziösen Familie. Köln 2011 (Kiepenheuer & Witsch).

Betz, Robert: Mich selbst lieben lernen. Selbstwertschätzung und Selbstliebe als Grundlage glücklichen Lebens. Audio-CD. 2006 (Verlag Robert Betz).

Busch, Martin: »SELBSTentwicklung«, https://www.selbstentwicklung.eu/praxis/martin-busch/ (Abrufdatum: 15.07.2018).

Canfield, Jack/Switzer, Janet: Kompass für die Seele. So bringen Sie Erfolg in Ihr Leben. München 2005 (Goldmann).

Faulstich, Joachim: Das Geheimnis der Heilung. Wie altes Wissen die Medizin verändert. München 2010 (Knaur MensSana).

La Romita: http://www.la-romita.net/ (Abrufdatum: 15.07.2018).

Morelli, Raffaele: Dimagrire senza dieta. Il metodo psicosomatico. 2011 (Mondadori).

Schönberger, Margit: Don't worry, be fifty. Be happy, be fifty. Doppelband. Augsburg 2010 (Weltbild). Originalausgaben: München 2006, 2008 (Droemer).

Tiscover: https://www.tiscover.com/ch/reiseziele/malcantone (Abrufdatum: 15.07.2018).

Tolle, Eckhart: Jetzt! Die Kraft der Gegenwart. 9. Auflage, Sonderausgabe. Bielefeld 2016 (J. Kamphausen).

Pawel-Harr, Christine: Unveröffentlichtes Unterrichtsskript über Viktor Frankl.

Pfitzer, Thomas: »10 Gründe für Meditation – Ergebnisse der Hirnforschung«, https://mymonk.de/10-gruende-fur-medita-tion-ergebnisse-der-hirnforschung/ (Abrufdatum: 15.07.2018).

Von Hirschhausen, Eckart: Wunder wirken Wunder. Wie Medizin und Magie uns heilen. Reinbek bei Hamburg 2016 (Rowohlt).

Walsch, Neale Donald: Gespräche mit Gott, 1. Teil. München 2006 (Goldmann).

Weiner, Christine: 30 Songs und eine Frau. Berlin 2015 (Ullstein).

Wohlleben, Peter: Das geheime Leben der Bäume. München 2015 (Ludwig Buchverlag).

Falls Sie Fragen in Bezug auf gesundheitlichen Probleme bei Para-oder Tetraplegie haben oder Hilfe suchen bei der Bewältigung Ihres persönlichen Schicksals, stehe ich Ihnen gerne zur Verfügung. Meine e-mail finden Sie auf Seite 4 im Impressum.